アスタリスクの光
「起」の巻

———— マイトレーヤより愛を込めて ————

この『天使の絵』は、"あなた"の中道を浄化し、
「天使界への回路」を開けます

15秒程眺め、この『絵』の空気を、深呼吸して
"あなた"の身体＝オーラに溶かしてみてください
天界からの難解な『智慧』が理解しやすくなります

――― アダムとイブ ―――

この『天使の絵』のりんごは、『智慧の実』です
あなたの心へと「宇宙からの叡智」を、
受け入れやすくするお手伝いをしてくれる、
力強いあなたの味（見）方です

──── 天使の滴(しずく) ────

この『天使の絵』は、幼い魂の
「霊的な目覚め」にうってつけ！

……また、とても"勇気"と"行動力"のある
「素晴らしい活躍をする天使」が住んでいます

―― みんなでハミング♪ ――

この『天使の絵』からは、
"楽しい音楽"が、流れています
"あなた"の"心"に響くピッタリの音色が……

……さぁ、耳をすませて聞いてみましょう

――― ベコニアの愛 ―――

この『天使の絵』は、
どんな人とも「仲良くなる」
そんな気持ちにさせてくれる、
不思議なパワーを持っています

また、周囲の人達の気分をも、
気持ち良くさせてくれるでしょう！

――― カーニバルへようこそ ―――

この『天使の絵』は、
どんなに大人しいオーラの人をも
「明るく楽しくしてしまう」
そんな気持ちへと誘う、
不思議なパワーを持っています
また、周囲の人達の気分をも、
気持ち良くさせてくれるでしょう！

――― 天使のささやき ―――

この『天使の絵』は、
自然界の息吹が、お互いの頬を寄せ合って、
"楽しく嬉しく"……そんな暖かな願いを叶えてくれる、
"心"優しいエネルギーで見守ってくれています……

―――― 勇気ある隣人 ――――

　この『天使の絵』は、
"月のパワー"を宿しています……
ガンコな心を柔和にしてくれます

うつや精神的な問題にも、とても力を発揮してくれます

――― Fu に降〜る ―――

この『天使の絵』には、
どんなに聞いても判らなかった"真理の言葉"を、
どんな人にも「腑に落ちる」様、
"あなた"の開路を開けてくれる事でしょう！

自分の"心"に素直になると、もっと力を発揮してくれますよ……

———— ゆり根の気使い ————

この『天使の絵』は、
心の奥の"あなた"の秘めた思いを、
外へと吐き出させてくれる、
……そんなエネルギーを貯えており、
一気に"あなた"らしさへと、輝く方へ導きます……

──── 家族のだんらん ────

この『天使の絵』は、
落ち込みやすい"あなた"でも、
すぐに元気にしてくれる
明るいパワーを発揮しています

うつの症状や精神疾患を持つ人にも有効に作用します
おやすみ時の枕元にどうぞ……

――― バラの香り ―――

この『天使の絵』からは、
バラのエキスが溢れ出ています
あなたのオーラを"愛の優しさ"へと変身させてしまう！
そんなパワフル・エネルギーを出し続けています

―――― 清らかな地球 ――――

この『天使の絵』は、
「色んな生命達が"心"を寄せ合って暮らして行きたい……」
と、そんな暖かな願いを叶えてくれる、
"心"優しい地球の守神が見守ってくれています……

ようこそ、＊アスタリスク＊の世界へ

私達の持つ肉体の本体＝霊的"身体"は、「命の火」を絶えず燃やし続けている『発電所』と同じです。『発電所』は、火力・水力・風力・原子力・太陽熱・ガソリンなどの"エネルギー"がなければ、"電気"を作り続ける事はできません。

私達の身体（＝霊体と肉体）も、エネルギーを外部から取り入れ、熱（仕事）に変えて、身体を動かしています。じっとして動かなくとも、内臓は働いています。そのためには、"エネルギー"＝「命の火」を絶えず燃やし続けていなければなりません。

私達を動かし続ける"エネルギー"は、食物だけではありません。私達は、目に見える「水分」の力のお陰で、身体（＝霊体と肉体）を支えていますが、目に見えない「水」＝「空気」は、その「水分」の何倍もの量で、いつも私達の身体の中から、また周りから、働き続けてくれているのです。
……もう少しです。これから、やっと『呼吸』し続けていた"謎"が解けて行く事でしょう。

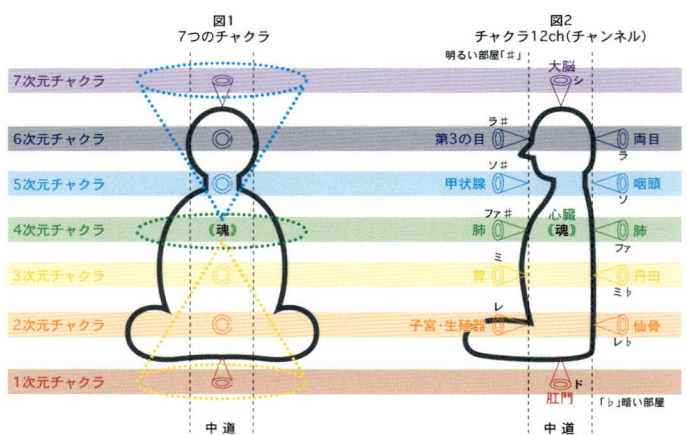

上記の【図1・2】から見る「チャクラ」とは、身体を巡る空気エネルギーの供給＆配給システムの「各発電所」（＝エネルギーセンター＝「チャクラ」）のようなモノです。この各々の「発電所（＝チャクラ）」には、様々な特色がありますので、これから本書の中で詳しく解説していきます。

【霊界】は、"地球"を含めた宇宙にある「全ての世界」です。

【霊】とは、私達の"本来の姿"です。

私達は、「人間」として生まれる前は、"霊体"でした。
　"霊体"がモチーフとなって、「三次元」という物質の波動が「肉体」を作り出しています。
　【霊】とは、宇宙に存在する無限（種類＆質量）の"エネルギー"の中の一種です。
　私達の肉体を包む"霊体"は、無限にあるエネルギーの『個』とした表現です。

『個』である【霊】は、"礼"を表現する存在です。
　"礼"とは、「心」の神（真）髄です。
　"礼"に始まり、"礼"に終わる『道』……。
幼く小さな【霊体】は、まだ"無礼"、つまりは礼の「心」を知りません。
　その小さな【霊体】が、この世に"命"を与えられ、人生で繰り返し経験をし、小さな『魂』へその学びを刻み込んで行く度、
何かを知り得て、"礼"を、そして"心"の表現を、知って行くのです。

その"礼"を、また"心"を知らない状態が『無知』です。
ここで使う『無知』とは、「暗い」という意味です。
ここで使う『無知』の真逆は、たくさんの"礼"を知った状態で、大きな【霊体】になります。
大きな【霊体】の姿は、『光明』です。『とても明るい光の存在』の事を言います。
つまりは、「明るさ」によって、霊魂の成長段階は示されているのです。

私達地球に住む人間は、皆例外なく『光明』に導かれた、様々な段階の『無知』な存在です。
その表現が、こうした「この世」を、「色」の世界＝「地球」での環境を作り出しています。

「色」とは、"光"の反対の表現です。
「色」から"光"へ成長する事を、ここでは『進化』と呼びましょう。
『進化』するためには、"光"を知る事です。"光"を体験する事です。
皆様は、心の奥底では誰しも、『進化』を目指して生きているのです。

皆様には、ぜひ『光明』の正体を突き止めていただき、アスタリスクからの"光"＝ "All　Fair"（天界の水の光）を感じていただけたらと、切に祈ります。

はじめに

　本書は、"私"が作成したアスタリスクのホームページの文章に、よりわかりやすい解説を加えて再編成したものです。
　皆様の"真心"へ『真理の世界』を実況し、その響きを"言霊(ことだま)"に乗せてお送りします。"言霊"と一言で言っても、一つの単語に何通りもの解釈があるように、"言霊"という空気を、一つの単語に、また一つの文章に、そして一つの段落に仕上げる作業は、何億通りの解釈にもなる難問です。"私"の言いたい核心を皆様の真心へ通すためには、一回だけ読むのでは無理だと思われます。文章中の漢字の意図も、常識とはかけ離れた使い方をしている場面がたくさん登場します。その一つひとつに、隠された意味があり、それを見破る"洞察力"も試されていることになります。
　どうか皆様には、諦めず、何回もお付き合いいただいて、難解な"私"のクロスワードを、ぜひ解き明かして頂きたいと思います。
　そして、【天使の絵】と同様、末永く仲良くしていただけたら、これにまさる喜びはありません。

　また、この本を制作するにあたり、たくさんの方々のご縁を賜り、たくさんの方々に、真心からの献身で書(描)き上げさせていただけた事、感謝の念に堪えません。本当にありがとうございました。

　では、『天使界』&『地球神界』からの、"心"を込めた愛とメッセージからなる『絵』と『言霊』を、この世の皆様へお贈りします。
　一人でも多くの皆様の進化を願い、さらなる光明へと近付く一歩を、この本と共に歩まれる事を希望してやみません。
　最後までお付き合いいただけますよう、力を尽くしたいと思います。

アスタリスクの光「起」の巻
目次

天使の絵

ようこそ、＊アスタリスク＊の世界へ　　　　　　　　　　　　　　　16

【霊界】は、"地球"を含めた宇宙にある「全ての世界」です　　　17

はじめに　　　　　　　　　　　　　　　　　　　　　　　　　　　18

第1章　宇宙の始まり
  "理(ことわり)＝道"について ———————————————— 20
  宇宙の始まり、【意】の理 ———————————————— 21
  "心"の理 ———————————————————————— 22
  "立つ"理 ———————————————————————— 24
  "日"の理 ———————————————————————— 26
  【意】の理の訳 ———————————————————— 27

第2章　宇宙の成り立ち
  "成り立ち"の基本 ——————————————————— 29
  "意識"（意・志・気）の意味 ————————————— 33
  ビッグバンにみる【意・志（思）・気】＝"意識"の広がり — 35
  両極性の意義……"悟り" ———————————————— 40
  『男』性の"悟り" ——————————————————— 42
  『女』性の"悟り" ——————————————————— 45
  「すみません！」先に謝ります ————————————— 47
  人間の『器』 —————————————————————— 51

第3章　五感、その先……
  個人による"違い"を、お互いに理解する事が大切です ——— 56
  『視覚』 ————————————————————————— 56
  『聴覚』 ————————————————————————— 58
  『味覚』 ————————————————————————— 59
  『触覚』 ————————————————————————— 60
  『嗅覚』 ————————————————————————— 61
  『その先』 ———————————————————————— 62

※本文の中で"利っちゃん"とは天使「ミカエル」の霊体での変化体（＝霊的ボディ）を指し、"私"とは「大国主命」の"魂"であり、解説文の担当者を指しています。

第1章　宇宙の始まり
目に映るモノは全て、"心"の反映です

2007.03.07　13:50
（1）"理＝道"について

最初に、これからお話する内容は、私達の"魂"に刻まれた、『＊創造の世界』からの『＊智慧』です。
"創造"――これは、単なる「想像」ではありません。
お一人の例外もなく、皆様の胸に刻まれた、「＊"あなた"の生まれた世界」からの『智慧』なのです。

> ＊創造の世界
> "地球神界"と呼ばれる『智慧』の世界と、さらに"高次元からなる世界"を指しています。そちらは、地球へと誕生する「生命の仕組み」が生み出される世界であり、完璧な「芸術の世界」でもあります。この次元から発信されたモノが、世界中の「発想」、また"インスピレーション"となり、皆様の「脳の回路」に、様々な形で日夜降ろされています。

> ＊智慧
> 生活や日常会話などで使用される「知恵」とは異なります。お釈迦様やイエス・キリスト達の世界から来る「教えの実践」を、日本語では『智慧』とお呼びしています。

> ＊あなたの生まれた世界
> 「霊界」の事を指しています。

その『創造の世界』は、＊中道から"あなた"の心に、絶えず降り注いでいる「英知」で、これが『真理』なのです。
この『真理』とは礼の世界を理解するための『明り』です。その「『明り』を頼りに生きる事」を『智慧』と呼んでいます。
しかし、その『智慧』を「ただ受け入れる」事ほど、大変に難しいのが『この世』です。

それを「受け入れられる」"＊器"作りを『人生』と呼び、現実のこの世で辛い"修行"を与えられている"意義"であり、それがまた"醍醐味"でもあります。

　　＊中道
　　　本書巻頭カラー図1「7つのチャクラ」、図2「チャクラ12ch」をご参照ください。黒い点線で頭上から全身を貫く「道」が中道です。この中道はエネルギーの通り道です。流れるエネルギーの質（種類）の違いはありますが、水道管と同じで、きれいなエネルギー（精神）を通していられたらきれいなままですが、強欲や甘えを流し過ぎると汚れて詰まってきてしまい、元気をうばい、病気を招きます。

　　＊器
　　　この"器"に関しての詳しい解説は後述していきます。「人生」の意味とは、「個人個人の人格＝"器"作りのためにある」と申し上げても過言ではありません。

2007.03.07　15:04
（2）宇宙の始まり、【＊意】の理
私達の宇宙は、【意】から始まりました。
　"心"に"日"が"立つ"──それが【意】。

　　＊意
　　　ここでの【意】は、"ビッグバン"以前から宇宙に存在していた「私達自身の大本となる"意識"」を指しています。この【意】を、別の言葉で表現するならば、私達の心の奥に秘められた「思い」です。この「思い」＝「意思」には、『重力』＝重さがあり、それが、「思う力」を発し、「意思」となって、より強い「意志の力」を生み出しました。
　　　さらに、その「強い力」が、より重い『重量』を生み出し、物質と化した「石」になり、やがて「星」が生まれました。これが「宇宙の原型」"ビッグバン"以前の状況です。それが形成されてから後に、あの"ビッグバン"発想へと至りました。

その【意】が、大きく明るく育った状態が、進化した様子＝『＊大霊（進化した霊）』です。

* 大霊
  私達地球上に住む万物生命の進化の先を歩かれる方々です。物質（三次元）的に表現すれば、「大きく眩しい"光"」の存在です。この"光"は、霊的波動を感知する目（＝霊眼）で観ますと、やはり「姿形」はありますが、我欲で汚れた霊眼＝"心"では、決して観ることができない高次元の存在です。

また、【＊意】とは、「意思」であり、「意志」です。
* 意
  ここでの【意】は、一粒子＝「・」で、意思（これは「四次元の物質」）→意志（これは「五次元の物質」）→石（これが「三次元の物質」）……と、表現方法及びその形態が、それぞれの波動によって変化する"物"です。
  それだけ様々な角度（＝次元）から発信される物が、『心』なのです。

そして、【＊意】は、"自由"です。
"自由"は、「宇宙」の別名「神」が、私達にくれた「最大のプレゼント」です。──そうです、何をどのように表現しても良いのです。つまり、【意】は、"私達"という「宇宙にある"全ての存在"」、ズバリ"そのモノ"なのです。
* 意
  ここでの【意】は「七次元の物質」で、愛となり、＝"自由"な「エネルギー」を指しています。この「エネルギー」が、肉眼で見える「宇宙全体」を創った大本の物質です。
  この大本の物質を"私"は、「天使のエネルギー」と呼びます。一見すると、メルヘンチックな呼び名ですが、それほど空想的なイメージではなく、宇宙の実質では「現実的なエネルギー」です。

2007.03.07　16:04
（3）＊"心"の理
* 心の理
  この章では【意】という文字を、"立、日、心"と三つの部分に分解し、【意】の意味をさらに深く追求しています。

"心"の正体は、【＊礼（霊）】を"感じる"扉、または窓です。
この"感じる"とは、＊「繋がる」＝互換性という意味も含みます。
別の言い方では、「＊開く」という言葉にもなります。
両方共に、『手（の働き）』が重要な"鍵"を握ります。

 ＊礼①
  『礼』は、相手を「思いやる気持ち」です。
  その中には、感謝、挨拶、親切、友情、譲り合い、そして、尊敬、敬意、擁護なども入るでしょう。他者を大切に思う"心"すべてが「礼」と言えます。
 ＊繋がる＝互換性
  「他者や万物をも、思いやれる気持ち」を持つ事が、"繋がる"＝互換性という意味です。
 ＊開く
  ここでの"開く"とは、「打ち解けた」という意味です。
  "オープン・ハート（マインド）＝心を開く"、これが、"手"を開いて相手を受け入れる＝「抱き合う」動作となり、心を"繋ぐ"ための姿勢とも言えます。

【礼（霊）】の正体は、"＊光明"です。
【＊礼】を、言葉で表現するならば、「どのような対象（大きくても小さくても、そして誰にでも）にも向けられる」"感謝"の"心"。
また「"＊お陰様"とは、どんな"様"子を知る事なのか」を、理解できる"心"と、それを分かる（腑に落とす）"心"。
この二つを大事に、とても大切に思う"心"。
「お互いに思いやる気持ち」、それが、「"心"の真の姿」です。
単純に思いやれない"心"は、暗く狭い物（器）＝者になります。

 ＊光明
  私達「肉体」を持ち、日常生活を送る"人間"の真の正体は、"光"＝霊的物質＝"四次元以上の波動"です。この"光"の蓄積を、"魂"と呼んでいます。
  "魂"の学びが進んだ状態を"光明"と呼び、その"光"の度合いを増して行く事を「進化」と呼びます。

＊礼②
　ここでは「"感謝"の心」と表現致しましたが、先程述べた通り、第三者を"慈しむ心"でもあります。
＊お陰様
　この"陰"の裏にあるモノは、"陽"です。
　"陽"とは、太陽のような大きな"光"の存在＝「大霊」の事です。ですから"陰"とは、肉体（＝影）を持つ"私達自身"を指しています。多くの皆様は、この「お陰様」という言葉を使う場合、話しているお相手を、自然とねぎらう"心"から使っているのではないでしょうか？
　それが出来ず、お互いに気を使えなくなった時、「思いやりのない態度」をとってしまいますね。これは、"礼の心"を欠いた態度となり、いつしか自らへの「病気」を引き寄せる原因となります。何事も、知らず知らず自らが招く「不幸」によって、真の"己の姿"を見せられ、教えられ、それがどんなに遠回りだとしても、やがて澄んだ方向（＝"光明"）へと導かれていきます。

2007.03.07　16：36
（4）"立つ"理
【礼（霊）】の逆の状態＝「無礼」は、"＊無知"の表現です。
"無知"とは、「知らない」状態、または、「『知っている』と勘違いしている」"心"の状態を指しています。

＊無知
　地球に住む皆様は、一般的には、まだまだ「霊界の法則」を知りません。この「霊界の法則（＝智慧）」が、知らず知らずのうちに、私達の"魂"を導いています。ですが、"魂"そのモノの存在も、皆様は実感していません。
　"魂"は、心臓の近くに位置し、非常に活動的で、日々私達自身に関わっています。その様子を、"私"は「無知だ」と申し上げます。誰かが、……気付いた誰かが言わねば、この世で『愛』を実行する事は不可能です。それを覚悟してしまった"私"は「首をくくる」覚悟で言わせていただきます。それでも、多くの方々は「自分は、（既に）もう知っている」「誰にも騙されないぞ！」と疑ってばかりで、実は何も「知ろう」とも「学ぼう」ともしていないのです。「霊的な自分自身の実態」「本物の事実」「"魂"からの叫び」を。ぜひこれをご縁に、智慧を知り、生活に活かしながら"光"の世界＝霊界へ帰る準備を整えていただけたらと祈ります。

「霊的な眼」で観る"無知"は「暗く狭い器」の段階であり、ある意味で、目の前に広がっているのは"＊闇の世界"です。

地球に住む私達は「霊的な眼」では、"闇の世界の住人"です。
否、"闇の世界に住んでいる"という状況さえも受け入れられない精神状態です。

でも、ここでどうかご安心を。
私達は"闇の世界にいる存在"、それで良いのです。
それを知る旅こそが「この世の体験」なのですから。

　　＊闇
　　ここで記す"闇"とは、「先に起こる"未来"が見えない様子」の事です。自分の霊的な姿や霊的な立場、未来の様子などが観得ない状態を"闇"と表現しており、これが"無知の状態"を指しています。先が見えないから"不安"になり、"不安"になると余計にお先真っ暗……、堂々巡りです。
　　では、どうしたら良いのか？……そのために、こうして「霊的な仕組み」を"学ぶ"のです。私達は、全員「無知」です。だからこの世へ"学び"に来たのです。「自分の人生」を、明るいモノの「"目"（＝「見方」＝「智慧」）」を通して、観得る（見える＝感じられる）ように。

どのような存在も【宇宙（＝神）】の中の表現の一部です。
"＊表現"とは「表に現れた」"個"の状態を指しています。

　　＊表現
　　アート＝"芸術"とは、"自由"に『自分』を表現する事です。その「自由に自分を表現する事」を"芸術"と呼んでいます。簡単に言えば「"あなた"自身が既に"芸術"です」。

"＊個"は、「立つ」という意味です。別な言い方では、「自立」です。

　　＊個
　　単純に、独立した「一個人」として生きる事です。それをここでは、「自立」と表現しています。

肉体を与えられた事は、ある意味において「自立」の表現なのです。私達は、たとえどんな状況を作ろうとも「常に進化を胸に志す、前に進む存在」で、一人残らず"＊神の表現"の一部です。「光に背を向けているつもり」の体験をしながらも、常に「光に向かっている存在」なのです。

 ＊神の表現の一部
  私達はこの世に生まれ出て、人生を生きて"何か"を探し当てます。この"何か"とは、個人個人の霊的進化のための「体験」を指しています。個々が抱く最終的に大きな目的は、「より大きな"光"になる」事です。

2007.03.07　17:00
（5）"日"の理
"＊日"は、「一つの宇宙を半分に分けた」状態です。
 ＊日
  "口"が二つ、上下に重なって出来た文字が"日"です。この二つの"口"は、相対する"両極"を表しています。その最もわかりやすい表現が、明るい昼と暗い夜からなる「1日」です。

＊両極の発端は、全て『愛』です。
 ＊両極
  "両極"とは、元々一つの物質が、お互いを"半分に分けた"状態の「真逆の性質」を指し示しています。その"両極"には、色んな種類の性質が無数にあります。陰＆陽、男＆女、左＆右、大＆小、強力＆弱力など、それらすべてに正反対の"極"があり、その片方の"極"に居ながら、相反する考え方・見方を見つけられた時、"両極"を知り得ます。
  片側（片極）からだけでは、考え方にバランス（中庸）を欠いてしまいますが、その中庸（中心）を捉えられた時に、初めて「お互いの存在する重（必）要性」を理解します。どちらか一方の視点だけでは、お互いに相手を「悪役」としか見なしません。これを理解する一つ一つが、「大人への進化」の歩みです。

世界を、"昼"と"夜"に分ける様（さま）に「1日」を見る……。

"男"と"女"の性別を、お互いが分ける様に見る……。
＋(プラス)と－(マイナス)の磁力が分けられる様に見る……。
"陰"と"陽"を、分ける様に見る……。
「北と南」、「東と西」、「上と下」、「前と後」、「左と右」等々。

　＊両極の重要性
　　「一つの出来事」について、両方の"極"としての「立場」を知った、また分かった時、自らがその問題を"クリア"する事（＝腑(ふ)に落ちた）となり、「光明」に一歩近付きます。つまり、その件に関して"進化"できた証です。これを、幾つもの場面で永遠に繰り返す事が、我々人間に与えられている"修行"です。
　　それを悟った人達は、自ずと「まだまだ……」と、己を戒められるのです。

これら＊両極を繋ぐモノが、『愛』の作用の"力（エネルギー）"です。私達がこの事を知っていても知らないとしても関係なく、宇宙には『愛』が満ち溢れているのです。それが【宇宙】を作った『創造のエネルギー』の正体です。

　＊両極を繋ぐ物質
　　「片"極"の世界」＝「"同類"が集まる世界」では、お互いを発見する事ができません。発見する事がない場合、当然ですが、進歩も進化も味わえず、成長もできません。一方、両極同士がお互いに出会う世界では、あまりの"差異"のために、始めはお互いを受け入れる事が難しいモノです。
　　その難しい問題を解決してくれる智慧が、"愛のエネルギー"の中に存在しています。"愛"とは、寛容を示し、広く受け入れる力です。この"愛のエネルギー"が、宇宙創世の"力"で「創造力」となる、"神の御技(みわざ)"です。

2007.03.07　17:11
（6）＊【意】の理の訳
【意】の理は、"＊祈り"でもって、天（明るい方）へ救われて生きます。

"私"がここで記す"祈り"とは「自分勝手な欲望を叶えるための言葉」ではありません。本来の"祈り"とは『意』が先になければなら

ないものです。それは「自分勝手な"願い"」とはかけ離れたものです。どんな祈りでも、『意』が中道に来た思いとして通る時、"あなた"は"光明"を、そして、その「あり難さ（この体験も"お陰様"）」を感じる事でしょう。

＊祈り（＝意の理）

　"意"の理（道）が定まり、天へと向かう"波に乗った"その祈りは、いつしか必ずや「叶う」でしょう。しかし、個人の身勝手な「祈りや願い」は聞き届けられる可能性が低いです。それは"意"が、天へと向かう細やかな"波"に乗れなかった証拠でしょう。

　何故、その"思い"は、天へと向かう細やかな"波"に乗れないのか？

　それ程までに、"思い"が「重たかった」と思われます。他者の為を無心で思う「心からの"祈り"」は、重力（＝我欲）の抵抗がなくなり、どんな災厄にも飲み込まれずに、"天へと上って行きます。その一方で、"自分への願い"は、「我欲」という『重力』＝下に引き込まれる力で、この世に重く残ってしまいます。

　本書の『起・承・転・結』の「結」では、この「"重く残った思い"がどのように作用していくか？」というお話もしていますので、そちらも参考にして下さい。

　お互いに「他者のために」を祈って生きようと思いませんか？「お互い様」でお祈り仕合えれば、いつかきっと全員の夢や希望が叶う時が来ます！　それを"諦めない"で生きてみませんか？

一人でも多くの方々へその"手"助けをする事が、"私"の本来の役目です。

"私"のここでの言葉の使い方は、皆様が普段使う言葉とは、大分違うかも知れません。その「言葉の表現」の"差異"を埋めるために、"私"と、この世で"顕在意識役"を受け持ってくれている、「相棒」こと"利っちゃん"との自分史を、まぐまぐプレミアム（メールマガジン）"シリウス星「彼岸の世界」から来た女"で発表しています。どうぞ、そちらもお読みいただけると幸いです（問合せ先は、奥付ページをご参照ください）。

第2章　宇宙の成り立ち

宇宙は、全て"＊同調"の世界です

> ＊同調
> 「同じ調べ」と書いて"同調"ですが、一体何に対しての「同じ調べなのか？」というと、「波の出来方（調子＝リズム＝繋がり方）」の事です。三次元に生きる私達の「考え方」では、宇宙の中の一粒の"個"として、それぞれの個人が存在しています。本来、宇宙の一員としての私達一人ひとりの霊体は、大海にその身を馳せる「一滴」の"水"として、各々がとても"小さな物質"となって存在し、それらが同じように震え、徐々にその力に吸収されるかのように集まり、波打ち、同じ場所へと引き寄せられて、一つの"集団"を形成します。この"一つの集団"は、より大きな視点から観れば、それぞれの連鎖で引き寄せられていて、さらに全てと繋がり、「宇宙全体」という「一つの大きな集団」へと構成されています。これらの動きは、宇宙の出来方に見てとることも可能であり、うず巻き銀河などが範例になります。

2007.03.08　13:07
（1）"成り立ち"の基本

私達の住むこの物質界は、＊稀(まれ)に観る「特別な世界」です。

> ＊稀な世界
> 私達は、「宇宙の一員」として、"個"となる（異なる）"体"（＝霊体や肉体）を与えられ、今現在、地球という小さな"星"で生きています。地球外の世界＝「宇宙」での、本来在(あ)るべき姿の私達は、「同調の世界で繋がれた"一滴"（霊体）」ですが、それを完全に忘れ……、つまり、お互いの「真の姿」も霊的故郷も分からない者同士が、この地球上で出会っているのです。この『奇跡』を「稀」と表現しました。

しかし、どんな人間も例外なく、「同じモノ」を宇宙から与えられている……。
その「同じモノ」とは、一次元から七次元まで受信できる霊的機関である『＊器』を物質化したもの、つまり肉体です。

> ＊器①
> ここで述べている"器"とは、その次元に適合した"体"を受け入れる"容

れ物"の事を言っています。これらは、各次元の波動により異なる表現体（顕現の仕方）をしています。それを以下に記します。

五次元の器＝『霊格』→霊的な物質で、"道具"や"器"や"物体"の形で表現されています。
　　　　　他者のために生きる目的を見出せた者だけが、"道具"や"器"を表現できます。(p.51参照)。
四次元の器＝『魂』→霊的な物質で、"水晶玉"の形容をしています。
　　　　　最近は、俗に「オーブ」とも呼ばれています。
三次元の器＝『肉体』→肉眼で見える状態＝"物質的体"です。この"肉体"は霊体から見れば「壁（他にも言い方は沢山ありそうです）」です。
二次元の器＝『霊体』→霊的な物質で、自由なエネルギー体＝"想念で出来た体"です。
　　　　　「三次元の肉体」と、ほぼ同じ形容に見えます。死んでも尚、霊的知識を持たずに無知な『霊体』や、身勝手な言い分を持つ『霊体』は、「幽霊」として地上に居残りますので、生きている我らの霊体を通して肉体にも様々な影響を与えます。
一次元の器＝『妖魔体』→霊的な物質で、「人間の"霊体"」の変化形体です。
　　　　　これらは、虫に観る"魑魅魍魎"の形態から、"鬼"、"蛇"、"カッパ"など、ありとあらゆる姿をとる「化身」＝化け物の容姿をしています。生きている肉体にも同調し、憑衣します。

このように、次元別に存在する"器"は、"表現形態"が異なります。それだけ様々な角度から"己の姿"を確認できる（＝"鏡"としてお

互いを映す)ようにと、霊界から仕組まれています。この5つの各次元の"器"の容姿は、不便な事に、"一段階上の次元からの観察眼を持つ「第三者」"にしか見えません。

なお、六次元は『精神体』、七次元は『天使体』として存在していますが、個として1つの体というよりは、集合体の1つの側面として機能している部分を、個別に分けて持っている……という考え方で存在しています。これに関しては、各次元についての部分で詳しく解説していきます。

その"肉体"には、地球と同調の証である"海水"が、月の満ち欠けからの影響を受けながら「体液」として全身を覆い、地核（＝心臓）から脈々と走る"マグマ"が、血管を通して流れる「血液」として、また肉体を形作っているその様は、まるで地下から地上へと流れ出て固まり、地殻から"土壌"となる姿として、「肉や骨」などの形成に見て取れます。

そして、天上界から「地球の心臓」＝地核にある"マントル"へと下ろし、そこからまた、父親の柱を通して注がれた「命」の"火"を、母なる海の通路から、海水を通し母親の子宮へと注がれ、その子の宮で育った我ら生命体は、絶えず心の中に＊命の炎を燃やしながら、『人生』を体験する旅行目的でここ地球へとやって来ました。

　　＊命の炎
　　命の"火"にとって、絶えず燃やし続けていなければ生きては居られない"養分"が必要で、例えるなら、蒸気機関車の動力となる「石炭」を、絶えず補給し続けなければ動けない状態と同じです。この"命"を燃やすために必要な栄養分は、"火"と同じ形体で、性質のキレイな空気＝「酸素」です。
　　（「酸素」は、原素記号「O」＝輪で、"二つの手"を持っています）。
　　体内に取り入れる「食物」は、物質的「栄養分」というだけで、それだけでは「人間」は生きられません。「人間」が絶えず燃やし続けている、単なる「空気」のその中にも大切な栄養分が存在し、それぞれの「空気」に溶けている「質」という各次元の要素が必然的に在り、その身体にとって「良性か、悪

性か」の働きにも起因しています。「生きる」とは、一つの奇跡で、とても複雑な作業です。

以上、私達は皆、地球上で同じモノを与えられている存在です。
その「＊平等な私達」が、ここ地球という「稀に観る『特別な世界』」で、個性を与えられて生活する意義が、一体どこにあるというのでしょうか？
……それは、私達の『人生』を生きる目的、目標、または志、使命が、それぞれに「違う！」という点にあります。
"同調"という「宇宙の法則」のお陰によって、引き寄せられた"魂"同士は、何かしらの意味が在る、私達一人ひとりは、とても「不思議な関係」です。

 ＊平等な私達
  私達は、同じ「一次元〜七次元までを受信・送信できる"心"と"体"」を、各人が平等に与えられている存在です。この平等さに例外はありません。一〜七までの異なる次元受信・送信装置を持ち、ある一定の条件下によってその場に引き付けられた私達には、「計り知れない」事情を授かり、"与えられた時"を共に過越す……、これがさらに「特別な関係（ご縁）」と呼べるのではないでしょうか。

私達は、どんな人達とも「＊同じ空気」で繋がっています。
どんな存在とも『＊一つ』です。

 ＊同じ空気で『一つ』
  ここで、イメージして観てください。"私"は兼ねてから「私達は、見えない"水"（これは"空気"の事）で繋がって生きています」と伝えています。
  海水や水道水は、肉眼で見える"水"ですが、実は「宇宙の波動では、少し軽い"水"が、地球上で"空気"と呼ばれる物質」です。立派に「流動体」をしており、"輝く水"としても、そこかしこに存在しています。地球の皆様がいち早くこの状態に気付き、違った目で観察を続けてくださると、"空気"も"水"として、その「流れ方」を読めるようになります。

 ＊器②
  前述で、六次元は『精神体』、七次元は『天使体』と、「エネルギーを入れる

容れ物」としての"霊的な物質"で例えましたが、この六次元、七次元の"器"とは、「エネルギー」ですので、一つの「個体（器）」としての形（＝『我』）が在る訳ではありません。

　霊的な物質としての"水"（六次元の器に注がれているエネルギー）、これは、一滴でも"水"、大量でも"水"として表現する「六次元の器」です。解り辛いと思いますが、"私"自身も、自分の器について語る際には、「海水（＝全ての精霊界）の一滴」と表現しています。

　霊的な物質としての"空気"＝"光"（七次元の器に注がれている、また放出されているエネルギー）→光輝く"水"として、また"明るい空気"として表現されます。これが、「天使の大本の"エネルギー"」で、「創造力」とも言われる"大いなる力"です。

　何故、六次元と七次元だけを「エネルギー体の大きな器」として、ここで区別してご紹介したかというと、一～五次元までの存在は、先述の通り『個体』として、また「一つひとつの人格」として、またの名を『我』として存在する小さな段階です。それに比べて、六次元や七次元の存在は、一つのグループ、一つのエネルギー体としての「大きな役割」を果たしている存在で、「"個体"としての表現は、似つかわしくない」と判断しました。そこを区別し、理解してください。

2007.03.08　14:10

（２）"意識"（意・志・気）の意味

"意識"と一言で表現すると、"あなた"の場合、どんな意味合いが生じるのでしょうか？

この大切な私達の"意識"。この"意識"の「意」に関しては、前項で述べた通り、やはり深い意味がありました。

では、次の「＊識」という文字を使う意味に対しての「意義」を探してみましょう。

「識」の文字を、"言・音・戈"の三つの部分に分けて考えてみると、

　"言"（言語）……これは「言の葉」、つまり「言語」を示します。

　"音"（音霊）……すべての「音」は、耳・骨・"心"を通して、『響く』＝"伝わる"「物質」です。

"戈"(ほこ)……「戈(ほこ)」は、両端に刃が付いた柄の長い「武器」です。

 ＊識
 これらを文字通りに直訳すると、「"言葉"が持つ意図的な発想を、両刃の付いた"武器"で傷付け、しっかり心に刻み、それを"音"に写し、留めた記憶の顕在」となります。意識の「識」とは、両刃を「両極」に見立て、「小さな『我』としての己(＝個)は、小さな側面から思考し、絶えず己に有利な判断から、自分以外の『相手』を敵と見なして『剣』をふるい、本来は己の中の一つの側面であるはずのその『相手』に斬りつける事により『鏡』となり、同時に己の"魂"にその傷を深く刻み込むために、神が与えた『秘策』」です。

 ※「意識する」とは、大げさに言えば「絶えず傷付く」ことなのです。その「傷付く」事を沢山しているウチに、「気が付く」のです。自分自身のしている事に……。

これについての解釈を、「識」に似たもう一つの文字「織」で、さらに分かりやすく説明します。

「＊織」については、縦糸、横糸が織り成す"布"をイメージしてみてください。

その「縦糸」に"私"達は、上に伸びる力＝"火"のエネルギーの作用を見ます。その"火"のエネルギーは、『男』性という"極"を指します。

では「横糸」はというと、横に広がる力＝"水"のエネルギーの作用を見ます。その"水"のエネルギーは、『女』性の"極"を指します。

『男』性と『女』性という両極＝両刃を"縁"として、互いに交じり合わせ、傷付け合いながら愛を見出し、両者の必要『性』を認"識"して歩く人生……。

 ＊織
 上記の「縦＆横」＝男女のご縁を紡いで、"糸"にして、機織り機で交差し続けると、一枚の「布」が出来上がります。その「布」の仕上がり状態は、今生での"あなた"の人生そのものです。日々過越す"あなた"自身の精神状

態、並びに周囲との関係が、"バランス"の取れたキレイな意識で生きられたなら、周囲との「良い関係」が築け、"あなた"の"魂バランス"も男女比が整い、「キレイな布」が織れている証拠となります。
　この「布の関係」は、五次元でのアートの眼（感性）があれば、自然と脳裏に浮かび上がります。また、この「布の関係」は、過去から多くの文章内に"比喩"として、皆様に使用され、愛されて来た表現ですね。

ここで気付かれた方もいらっしゃるかと思いますが、＊"火"と"水"の最初の文字を共に読むと、「神」です。私達「人間」が「神に近い存在」とされている理由は、この"火"と"水"を使い分ける事ができたところから、そう呼ばれるようになったと言われています。
　　＊火と水
　　　"火"と"水"の関係も、両極性の関係です。
　　「火（か）」は、種・精子・男・陽・縦・伸びる・上下・幹・山　等々……。
　　「水（み）」は、畑・子宮・女・陰・横・広がる・左右・根・海　等々……。

「日の理」の項目でお話ししましたが、＊『両極性』は、宇宙構造の基本です。
　与えられた霊の「両極性のバランス」は、霊的進化を表現しています。
　　＊両極性は、宇宙構造の基本
　　　上記の《"火"と"水"》の関係などに観る、これらが究極の「相対性理論」発想の大本となります。「宇宙の全ての基本構造」は、"バランス"を取る事を目指しています。「人間」は、それを「精神性」の中で見出そうと、日夜もがいています。

2007.03.08　13：43
（３）ビッグバンにみる【意・志（思）・気】＝"意識"の広がり
ここでの話は、「イメージとして」受け取ってください。

1. どんな存在も「意（i）　思（si）」から始まった。
　その『＊思い（意思＝isi）』は、"光"より少し「重い」、力（e＝エネ

ルギー＝『重力』）を持った。
この『重力』こそが、私達自身の遥かに『遠い祖先』です。
　　＊思
　　　ここでの「思」は、「『重力』を持った"意思"」を指しています。

2．その「思」が、居ても立っても居られず、ブルブルと『＊震（sin）』え出した。
　　＊震
　　　"思・い（意）"＝「、〔点〕」が、揺れ始めた……という意味です。「、」は、「個」を表現しています。この「震え」は、「何かをしたい"衝動"」です。

3．「震」えは、『＊振（sin）』動を引き起こした。
　　＊振
　　　2の、他の"思・い（意）"を持つ者達＝「、」同士が、ぶつかり合った、という意味です。

4．「振」動は、他に影響を及ぼすようになった。それを『＊刺（si）』激と呼ぶ。
　　＊刺
　　　3の、"思・い（意）"＝「、」同士が、ぶつかり合って→傷付く→"気が付く→覚醒"→そして「、」＝"個"としての"意識"を発祥させたという意味です。

5．「刺」激は、広がりを見（魅）せ、互いを"映す"『＊師』＝＊鏡になった。
　　＊師
　　　目の前にいる嫌な相手や"心"に浮かぶ好きな相手などを、"鏡"に映っている「自分自身」の姿として捉え、己の姿を省みて、その"様"（様子や振舞い、言動など）から自分の生き方や考え方の教訓として、"心"の姿勢を正す事を念頭に入れて行動していたら、自分にとって「"良い人間"＝『師』しか目の前に現れていなかった」事を悟れます。しかし、このような考え方ができるように努力できる人間や、この智慧を受け入れられる人間は、この世の中に

多くはいないかも知れません。
ですが、少しでもこの行いへと"己を近付ける"事は、どんな人間でも可能だと思います。
＊鏡
4の"思い"＝「、」同士が、ぶつかり合い、お互いに"様"が見えた者…同士として"縁"有って引き寄せられ、「見」せられた『同志』です。

6.「師」＝鏡に映った＊影から、互いを"思う"『＊心（sin）』ができた。
＊影
影＝「お陰様」で述べた通り、「私達自身」の事です。「私達自身」は、お互いを発見し、意識できて初めて「"お互いの様"を知る」のです。その結果、「礼」の真髄をも知り得るのです。その「礼」の意味を解かるまでが大変困難な道程で、お互いに傷付け合っては"痛み"を学び合い、その"痛み"をお互いが覚えるまで、それからそのような「戦い」が"飽きるまで"続くのです。これが、現実に今ある実世界＝三次元のあり様です。
三次元的「我」の発想を脱ぎ捨てられなければ、一つ上の四次元社会で待っている「安心な生活」は望めません。
＊心
「私達自身」は、一人ひとりが「、」になって、色んな方向へ飛び散りました。それを表現した漢字が、『心』です。「お陰様」や「お互い様」を映す『大きな心』とは、色んな方向性を持つ一人ひとりを認め、受け入れられる寛容性を持つ、美しい"魂"を言います。

7. その小さな"心"＝何も知らない"闇"なる者が、お互いに進化を『＊志(こころざす)』意義は、「"真"の自己の姿＝"光"」へと導かれる"旅"を通して、自らを「"光"だった！」と発見する為です。
＊志
"光"＝七次元へ突き進む"心"を言っています。

上記のこれらが、私達が持っているはずの＊顕在意識・潜在意識だけでなく、もっと在りそうな『○○意識』の出来方です。

そして、上記1〜7は、それぞれ各次元と同調しています。
　＊顕在意識・潜在意識
　「顕在意識」……顕在している意識で、この世で生きている自覚がある意識＝
　　　　　　　　三次元（この世）での『自分』として思える気持ち。
　「潜在意識」……三以外の次元、その他のどこかに潜在する意識。……例えば
　　　　　　　　「一、二、四次元の各意識」など。または、別者（「自分以
　　　　　　　　外」と感じる）の意識。

そして、＊「si」＝「四」とは、方向性でもあり、大本からの＊「心
（四つの「ゝ」点）」の住処（すみか）でもある。
　＊「si」＝「四」の方向性
　　上下左右、東西南北など、「自由な"心"の向かう方角」を示唆しています。
　＊心（四つの「、」＝点）の住処
　　「心」とは、「ノ」「乚」「、」「、」です。この「はらう」「はねる」「小さ
　　い、」「大きい、」の四つの「点」で表現される方向性から行き着きたい場所
　　です。また、「心」の住処とは、巻頭の図で示されている「12CHチャクラの
　　"大本の主"である"魂"の治まる場所」を示しています。

「性（sei）」があり「生（sei）」を与えられ、この、生きる＊"e（エ
ネルギー＝力）"がなくなった時、「死（si）」を迎える私達の『一生』。
　＊e（エネルギー＝力）……これが、「反発する力」で「動く」作用をしています。
　　「生（sei）」の真ん中にある、"e"の事です。

この"e（エネルギー）"の＊「え（e）」という"音の響き"を探って
行くと、＊強制や命令の「韻（in）」になる……。
　＊e＝「え」が強制や命令の韻になる
　　この「え」という母音を、発音させてみればわかるはずですが、「あ」と比べ
　　舌に掛かる力を逆流させて発音しています。その"逆流するエネルギー"こ
　　そが、我々の意識を創った「大本」の「神の意志」で、進化の源にある"爆
　　発する姿"です。それは、私達三次元意識を持つ人間の正体が「"否定"する
　　生き物」だという証明です。
　　「人間」は、あらゆる物事を"否定"する事に喜びを感じ、「"素直"に受け

入れる」事をバカにするきらいがあります。この「観点」を納得してしまえば、多くの方々は、『真理の世界』を腑に落とす事にさほどの抵抗感はなくなるでしょう。

＊これら言霊からの「韻（in）」が、お陰様の「陰（in）」を作り出し、命（m・e・i）の礼（r・e・i）＝「命礼」のそれぞれ真ん中にある、反発発祥の「え（e）」エネルギーを先に加えると（ein）。この（ein）の（i）＝愛は、奥に閉じ込められ、観得なくなり（ですが、奥に必ず存在します）私達の宇宙を表す「円（en）」となり、「縁（en）」を作る。

 ＊上記文章を直訳
  この胸の奥に潜む"意"を決した音の響き＝韻（in）が、神に与えられた"命"の真髄＝"礼"なる存在である私達「霊」の大本から発するエネルギー（e）に、永遠（eie"n"）や無限（muge"n"）で末尾に付く音＝"n"を付けたモノを「en」と呼び、「縁」や「円」を構成する関係を表現しています。また、日本語では、この「ん＝"n"」を50音の最後に置いたのは、"次に出会う"……という意味を込めて「結び」と呼び、これから、両極同士の「男女の仲」を取り持つ言葉を、「縁結び」と言いました。

どうですか？
まさに「日本語」は、霊界から観る＊"世界最初の言語"の証明をしていませんか？

 ＊世界最初の言語の証明
  「竹内文書」なる書物が発見され、「日本語が世界最古の言語ではないか？」と憶測がとんでいますが、それもあながち嘘ではないかも知れない……ということです。
  "私"の見解では、「日本語が、世界最古でなくても良い」と思います。何故なら、肝心なのは、選民意識を持つ事ではなく、「日本語」を「平和な社会を育むための手段」として『和の心』を学ぶ機会にして、また「一般常識的な『智慧』として広く世界中に役立たせる事」ではないでしょうか？

2007.03.08 3:33 PM
（4）両極性の意義……"悟り"
＊本来『宇宙』には、始まりも終わりもなく、代わりに存在するのは『永遠』です。
そして、私達の大本の意識からみれば、"今"という『永遠』からなる「広大なスペース」しかないのです。その「広大なスペース」の中で、分散化または凝縮化、広がる、または固まる、内へ向かうか、または外へ向かうか……。
この考え方が、男女性の悟り（"魂"の課題）へと向かわせます。

> ＊本来宇宙には、始まりも終わりもなく
> 本書をお読みの皆様には、「"ビッグバン"の前には、『意』があった」と、最初に述べました。では、何故「『意』もなく、始めも終わりもなく、『永遠』がある」、または「『永遠』しかない」と、わざわざ改めてここで訂正するのか？　それは、宇宙全体で一つの"ビッグバン"を起したわけではなく、「宇宙のそこかしこで"ビッグバン"は、次々と起き続けている」……と、言う意味で、「分散化または凝縮化、広がる、または固まる、内へ向かうか、または外へ向かうか……」と、お話しました。それくらい、宇宙は「広い」のです。
> そのような広大な広さゆえ、そこかしこで行われている"ビッグバン"が存在する事自体が、磁気的に観る「両極の分散（拡散）化＆一体化現象」を、それと同時に、様々な「進化的男性女性化問題」を、見事に作り上げているのです。
> それに、星達も他の星達を見本にしながら、宇宙へと自らの芸術的表現を示しているのです。私達は、地球から、それらを見せられているのです。これも『師』です。
>   マクロで観る実例：「銀河系宇宙」「○○系宇宙」
>   ミクロで観る実例：「国」「会社」「他者が集合する動き」「恋愛」「結婚」

では、私達は、一体どこへ向かっているのでしょうか……？

それを知る"＊鍵"が、『人生』の中に潜んでいます。そして、その"鍵"を見つけた時、「＊人は安心する」のです。それが、その時、与えられた「＊希望の光」だからです。

また、宇宙の"ビッグバン"に見た、「志」に出会えたという"悟り"からです。
しかし、この"悟り"は、経験と共に移り行くモノです。
何故なら、そこに「人生の課題」があるからです。
　＊鍵
　　「自分自身が惹き付けられるモノとの"出会い"」を言っています。
　＊「希望の光」に出会うと、何故安心するのか？
　　人は、自分自身の"心"が開いた時、「安心する」のです。（これは、自分より"劣った人間"を見て「ホッとする」"安心感"とは、全く違いますが、やがていつかその"劣った人間"を『師』と見る事ができれば、とても素晴らしい体験談になりますね。）
　　自分自身を、何かにゆだねられた時、安らいだ"心"となります。それが、「自分の人生を導いてくれる存在である」と、心の奥から確信するからです。

皆様が出会う「＊希望の光」は、偶然に出会うわけではありません。
私達の先輩『光明』＝「＊師（si）」に導かれない限り、この世では"光"には出会えません。
　＊希望の光＝師
　　"あなた"にとって、"光"輝いて見える存在を指しています。例えば、"あなた"から見た「カッコ良い」と思う人や「綺麗だな」と思う人、または、"我が子"かも知れません。
　　最近は、こういう一部の人達を"カリスマ"と呼ぶのでしょうか。このような「自分にとって"希望の光"となる"師"」に導かれない限り、自助努力だけでは「"光"（進化への道）を発見しよう！」と思っても、この世では、全く出会えません。
　　逆を言えば、「自分以上の魅力ある強力な"光"に触発（刺激）されて、自分が輝き出す」という事です。例えば、「憧れる芸能人の真似をする」事などがそうです。
　　ご本人からしてみれば、「"師"は、誰でも良い」というわけではありません。ここに「希望の灯（小さな光）」と言われる、"出会う順序"があるからです。一気に、ひとっ飛びには、賢くなりません。
　　「本物の"賢者"は、"愚か者"の中にいる」という教訓が示すように、『本質』を見極める"目"は、本人の「内面性」が育たない限り、決して観得て

来ません。幼い頃は、どうしても「外見」ばかり目に付きますし、また「言葉」の語り口（言葉の技巧）ばかりに気を取られてしまいます。
そのような「幼い状態」では、たとえ"本物の賢者"に出会っていたとしても、決して気付けません。何故なら、人間は、見た事のないモノには、先に「えーっ！」（＝反発心）をあらわにしてしまう習性があるからです。
このような、下らない事を申し上げる"私"に、異存はおありでしょうか？

何故なら、三次元的発想には全くない、＊生命の根源から来る「課題」が在るからです。

＊生命の根源から来る「課題」
この「地球」という星は、ある意味において「特別な星」です。
何が「特別」かというと、それだけ出会う人間のレベル（霊的階級）に"格差"がある……という点です。小さい"魂"の頃は、『大霊』とは出会えません。もう既に出会っているのですが、本人が理解できないのです。（例えば、他者に教わらなくても「太陽」に感謝できましたか？）
それは、おわかりかも知れませんが、智慧を受け入れる『器』＝聞く耳が育っていない所為です。しかし、ご本人の成長と共にその時々巡り会う様々な「師」から受ける、自分の「その都度、何が大切か？」とのアドバイスや気付き（これが"方向性"）によって、無意識でも、意識的にでも、それぞれに色んな形で教えられ、段々と巡り会う色んな「師」の方向性もが、「霊的な本質（核心）」へと導かれて行くのです。
だから"私"は、皆様に「何を選択していても大丈夫です」と、自信を持って断言出来るのです。よって、段々と「霊的進化」を目指す者（万物）は、最後には"私"達の元へ、自ずと導かれて来ます。誰も、この「道」からは、外れる事はないでしょう。"私"の歩く道が、『王道』だからです。
この世のすべての人間は、やがて『王道』へと導かれます。その道では、決して"私"達と出会わない理由がないのです。そのような使命の者＝「高次元の者達」は、人々から「光輝く者」＝"神"と、古き時代からそう呼ばれ、ここ（地球）へ降りています。

2007.03.08　16:55
（5）『男』性の"悟り"
『男』性の"悟り"は、今まで皆様が目にされて来た「多くの書物や資料・体験談」にもあるように、「＊内に向かう作業」となり、"個人

的な修行"として行われます。
多くの皆様がご存知の通り、『＊無の境地』へ向かう旅路です。
> ＊内に向かう作業
> 自分の内面に在る、確執的な考え方や欲望、我などを、「精神性」から見詰め、見極める事です。
>
> ＊無の境地
> 自分の内面に在る、確執的な考え方や欲望、我などを、「手放した"心境"」を言います。

それは、現在「独り山へこもる」だけではなく、個人的な「仕事」や「スポーツ」、または「○○道」で行われたり、人間関係や個人の技量を向上させる分野にも＊『無の境地』への演出が待っています。
> ＊無の境地への演出
> 「今時、"滝"に打たれなくとも……」という事です。本当の厳しい修行は、山の奥地で行われるモノではなく、人間同士の触れ合いなど、他者を通して行われるモノです。一昔前に散々行われたような、山の奥地などで行う独力の修行は、「ただ"恍惚"を味わう」ためだけの"自己満足"であり、少し広い目で見れば、ただの「遊び」にすぎません。しかし、これは「大人」としての意見ですので、やりたい方はどうぞ好きなだけ試してみてください。

この『無の境地』へ向かう旅路では、＊運びが良ければ『光明』に出会えます。多くの皆様が、心待ちにする「＊"悟り"の瞬間を味わう」という状況です。
> ＊運び
> ここでは、"運"と同じ意味で使いたいのですが、"運"という単語では、「一か八か」的な"発想"でイメージされてしまいがちなので、「実力通りの行いから、巡って来る出逢い」という"意味合い"を強調させるために、この「運び」と明記しました。
>
> ＊悟りの瞬間を味わう
> この「"悟り"の瞬間を味わう」ためには、『光明』＝高次元の存在との出逢いが欠かせません。『光明』＝"高次元の存在"に導かれて初めて、「"悟り"の『感覚』」と、「自分自身」が向き合えるからです。たとえ、どんなにスゴ

い人がいたとしても、その人「一人の力」では、生きていません。そう思える事自体が、「精神性の稚拙さ(ちせつさ)」ゆえです。

そして、それを、「＊人々に説く仕事」が出来る（与えられる）ようにも成ります。
釈迦やイエスの為(な)した行いを「真似する」ように。
しかし、釈迦やイエスの場合は、＊『使命』を背負って生まれて来ているので、当然と言えば当然の話ですが。

　＊人々に説く仕事
　　「高次元の霊界からの智慧」が無ければ、地球に住む「己の"真の姿"を忘れた者達」は、進化する（光に向き合い、進む）事はできません。悲しい事に、例外なく「どうしても、自分に都合良く考える癖（これが『我』…「病気の原因」）を生まれながらにして持たされているからです。（この「病気の原因」は、後述の「この世の泥＝『三毒』」に由来します。）
　　それと同じく、"この世の発想"には、「智慧へのヒント」が全く見えないからです。先程も申し上げた通り、「この世の考え方は"智慧の世界と発想がすべて『逆様(さかさま)』"になっている」のです。多分、現在これをお読みの方々は、この「発想が全部逆様」の意味も理解できないと思います。それくらい、ドップリとこの世の三毒の「泥の中」に住んでいて、「どの視点から自分を観ているか？」が理解できないのです。厳しい表現かも知れませんが、この意味が理解出来るまで進化していないと無理なのです。だからと言って、あきらめても余計に"光"は見えて来ません。あきらめないで、一歩一歩努力した者が、やがては「大きな自分」を引き寄せるのです。トライするには覚悟が要(い)りますが、覚悟さえあれば何でも出来るのも『進化の道』ですので、頑張るだけです。
　　智慧の次元からやって来た釈迦やイエスは、地上の皆様に向けて生きて頑張る「その姿」を通して、「霊的に生きる智慧と勇気」を与えました。彼らが示した偉大な奇跡の足跡を、残念ながらこの世の弟子や後世の者達が汚し、「霊的に生きる智慧と勇気」の方向性を、思いっきり曲げました。それが「戦争」を導き出し、「西暦の惨劇」として如実に『現在』を物語っています。

　＊使命を背負って生まれて来る
　　「高次元の霊界からの智慧」を担って生まれて来る者は、必ず地球神界からの導きを受けています。そのような「使命を持って生まれて来た！」と勘違いをした狂人達は、少しの証拠で、かなり無理矢理自分自身を「そのような

生まれ」だと思い込み、己にありとあらゆる「主権」を許します。
そして、この世で可能な限りの「欲望」を果たそうとします。
地球神界から、真の導きを受ける者は、他者の利益を優先しても、己の利益は気にしません。そのところを自分自身が、または他者が"見極める"ためには、「自分の中に在る"欲望"を見極められない限り」無理かも知れません。この点においても"私"は、己の勉強のために、この世で「勘違いされている方々」を、今までたくさん見て来ました。

2007.03.08　17:25
（6）『女』性の"悟り"

『女性は、＊"業"が深い』と言われています。"業"とは、「仕事」です。

　"母"としての"仕事"を、＊宿命に持つ「性」。

　＊業が深い
　　ここでの"業"とは、「仕事」そのものを指しています。そして、ここでの"深い"とは、一つの「仕事」も突き詰めて臨むほど「奥義が存在する」という意味です。男性は、一生涯を通じて「職」をやり通す事により、一つの「仕事」を突き詰める事ができ、この「奥義」を知り得ます。
　　昔から受け継がれて来た「専業主婦」としての女性の「仕事」を通じてでも、"子育て"や"掃除"や"料理"などの一つひとつに「奥義」があると言えそうですね。今現在は、男女雇用均等法などのお陰で、立て前では男女が持つ「仕事」に分け隔ては許されていませんが、女性の社会進出が著しい昨今では、社会での「仕事」をこなしながら「主婦」としての役目も果たす女性はとても多く見受けられます。パートナーの男性によっては、主婦業にかなりの比重を置いている女性もまだたくさんいらっしゃるでしょう。このように、女性には、たくさんの仕事が遠い過去から与えられています。こんなにたくさんの「仕事」が一人の女性に与えられていても、女性同士の間では「お互い様」として平易な話でもあります。

　＊宿命
　　読んで字の如し、「宿した"命"」の事です。その一人ひとりに宿る"命"が歩む「人生」には、「生きている途中では、変えられない"定められた道"（＝ルート）」があります。

別段、すべての女性が、子供を産むわけではありません。
ですが、「＊新たな生命を"宿す資格"を与えられた存在」……それが、女性です。
その分がどうやら、男性と比較して『女性は"業"が深い』と言われる所以(ゆえん)でしょう。

> ＊新たな生命を宿す資格
> 誕生から「人」の成長を見守り続ける仕事は、何よりも責任重大です。その"業"を与えられた役を、日本語では「資格」と呼んでいます。すべての女性は、「産む」準備を少女時代から既に始めています。それを自覚できない女子は、残念ながら"母親"としての資格は「不十分」かもしれません。
> しかし、最初から「母」として育つ事は難しいので、「子育て」をしながら、自らを「お母さん」として"子供に育てられて行く"のでしょう。皆様と同じように、"私"の本体である"利っちゃん"も、この点においては例外ではありません。得てして「未熟な女子」から育てられた子供は、世に出てたくさんの"痛み"や"苦しみ"を与えられますが、それも自らが選んだ人生として、親しい"反面教師"(「両親や身近な人達」の事)を役立てられたら、後(のち)の人生では「途方もない喜び」として、必ずあなた自身に帰っていきます。

しかし、女性の"業"の深さは、それだけではありません。『一生』を通して、"悟り(＝人生の課題)"が行われていくのです。
男性が、『内へ向かう』修行であれば、女性は、＊『外へ向かう』修行のはず。
では、どのように『外へと"向かう"』のでしょうか……。

やがて、誰にでも必ず来る、「死の瞬間」まで、その方の人生で『出会ったすべての人達、またその他の万物をも受け入れる事が出来たか、否か』を＊問われるのです。
それが、女性に与えられた、"業の深さ"なのです。

> ＊外へ向かう修行
> 肉体が男性の場合でも、進化のレベルが進むにつれ、与えられる課題が「外へと向かう」モノになります。つまりは、「他者を受け入れる"器"の大きさ

を育てさせられる」のです。ある意味で「男性の女性化」と言えますが、外見などの趣味趣向が女性的になる訳では一切ありません。
「男性部分の修行」で己を掘り下げ、または登り詰める作業をし、これが"縦方向"を極め、「女性部分の修行」で横に手を広げ、和を大きくする事により"横方向"を極めます。
その作業が、個(己)の"魂"をより大きくし、進化レベルのアップになります。
＊問われるのは何時(いつ)か？
"あなた"が、この世から去られた後、天へと、「自らの故郷」へと帰ってから、「自分自身の大本に繋がる"意識"により、ここでの『質問』を問われる」のです。

2007．03．08　17：54
（７）「すみません！」先に謝ります
『全てを受け入れる生涯』、これが『女』性の"悟り"の実情です。
それに対して思い出す存在は、あの高名な"＊マザー・テレサ"。
　　＊マザー・テレサ
　　「女性の修行」の完璧な見本、それが、"マザー・テレサ"の生き方です。彼女は、今回の人生で『女』性の悟りが得られているはずです。女性の皆様が、「"マザー・テレサ"のような人生を生きろ！」と言われてもとても難しいでしょうが、まずは、目の前にいらっしゃる一人ひとりから、一歩一歩といきましょう。……これも、極意として「お互い様」に出来れば、とても素晴らしい人間関係に発展します。

これでは、『女』性の"修行"が嫌になるかも知れませんね？
"あなた"の嫌いな人達を……、"あなた"を傷付ける人達を……、"あなた"に迷惑を掛ける人達を……、"受け入れる"だなんて……！
無意識に『女』性は、この「＊業の深さ」を知っています。魂の段階が幼い『女』性の場合、「嫉妬をする」事にまで、"考え"が及ばない場合があります。また、幼いからこそ「嫉妬をしている自分」に気付かない場合も多々有ります。それらの意識を乗り越えると、今度は色んな状況に応じた的確な判断を、徐々にですが、出来るようになり、

それに対しても気を回せるように成長していきます。その成長過程には、「自分より『女』性の度合いが成熟している、『"女"としての仕事が出来る人』」を"＊妬む"ようになるのです。

「女の石」……これが『女』性特有の"嫉妬"の正体です。

この"気"で出来た「石」が「嫉妬の正体」だったとは、「重い」はずでしょう？　この「重い」嫉妬から作られる特産物があり、それを"怨念"や"執念"などの単語に用いられている『念』と言い、「泥」や「重油」などそれぞれ性質の違う"気"を流出しています。

もちろん『男』性でも、この『女』性の部分は持っています。"魂バランス"が、発達していればしているほどに。

　＊何故、業の深さを既に知っているのでしょうか？
　　男性は、霊的な立場において「火（＝"命"の別名『火種』＝精子）」の部分を担当し、女性は、「水（"命"が育つ『水田（畑）』＝子宮）」の部分を担当しています。古代からの聖典の影響「男性の身体から女性の肉体を形作った」から、男性優位で社会が回るようにと「男性哲学」が横行して来ましたが、最近の科学的な見地からは全くの逆説、「女性の身体から、男性の肉体が作られた」とされています。これも、新時代への流れでしょう。
　　その逆説的理由には、「"乳首"が、男性に備わっている」点が指摘されていました。このように、「女体のなごり」（＝女性の卵巣）から「男性の睾丸も、二つに分けられた」と考えると、筋が通るのではないでしょうか。ゆえに、男性の「火種」は、「精子の源」として体に"二つの卵子"を持ち、ある年齢が来れば"命の火花"を一瞬一瞬飛び散らせ、絶えず新しい「精子」という名の"卵子"を生み出しています。
　　一方、女性の「子宮」は、その「女子の身体」に生理が始まれば、"天界からの通路"としての"道"が開通するので、生命が生まれる"泉"と直接繋がり、出産を期に「女性同士は、お互いが共通の海（産み）で"繋がっている"」事実を、意識的には無理かもしれませんが「本能的に覚ります」。

「この世で、何を為せば、"女性"としての喜びを感じるのか？」

「他者と助け合う事が、いずれ何かを産む「自分の"為"」になる」

これらのメッセージが、代々受け継がれて来た『子宮』（例：母の子宮は娘の

子宮に繋がっている）に染み込んでいます。「水」は、その性質を、情報としてより多く溶かしています。この『子宮』に、本来の女性の「他者を受け入れる生き方」が基本として溶けており、それが"女性"としての素直な生き方」だと、"本能の深い部分"では良くわかって来るのですが、女性は「演技する事」も"生来の素質"として備わっているので、それを「知らない」振りや「忘れた」振りをして他者を妬んだり、悪口を言ったりしてしまいます。ですが"心"の奥底では、「それが、どんなに惨めな行為か」という事も充分に理解しているところもあるので、"病気"になります。「"子宮"を病む」とは、そんな「愚かな自分を反省しなさい」との「真の自分」＝"魂"からのメッセージの場合も多くあるのです。ですが「"子宮"の病気」の原因はそれだけではありませんので、身近なそれらの病気を持つ女性を責めるような目で見ないでください。もし、"あなた"がそのような早合点で他者を判断して見ると、それが"鏡"となって反射し、やがては自分に帰って来ますので気を付けてください。

「人生」は、このような「法則」＝カルマによって、"自分自身"を、いつも戒められるようにできています。

＊何故「妬む」のでしょうか？

これも、「無知さ」ゆえの未熟な振舞いです。

「相手の持っているモノが、自分にはない。または、少ない」と思い込んでいる限り、"嫉妬"の気持ちはなくなりません。"あなた'＝"女性"は、「すべてを持って」生まれています。昔から、女性の持つ"キラキラ"した魅力的な部分を、男性達が「持っていない」と感じる事は当然です。これは、「子宮」から来る"天の水の輝き"だからです。それゆえ、未熟な男性は嫉妬の"心"を露（あら）わにし、「男尊女卑」なる全く根拠のない意識で「女性蔑視」をしたのです。あれは、『女』性への"嫉妬"からです。キラキラ光線で、自分達を惑わす『女』性が妬ましいだけです。宗教の男女差別も、奥へ入りたい「男性の性（サガ）」からの衝動を、誘惑するような素振りで魅せるあの"キラキラ光線"が、自分達『男』性が望む理性の道から違う道へと墜落させるように感じるからです。男性の嫉妬は、重油から燃え盛る"炎"です。燃やして、焼いて、その存在を「無くす」まで、それを続けてしまいます。これも、「無の境地」からの影響でしょう。

過去において男性は、「根性が小さかった」のです。いい加減、全世界で観る「宗教」の名を借りた"女性バッシング"は止めなければなりません。『男』性の為にです。「明日は我が身」ですから。

ここで女性の皆様、聞いてください。男性は、本能的に「たった一人の"男"因子だけ」の商品価値しかない事（選ばれるのは、「たったの一個」と心得て

いる)を、"心"のどこかで知っています。だから、女性に気付かれないようにして、その他大勢の中から目立つ様に「格好をつける」ため、自分自身の身体や知識を鍛え上げようとして、またいつ傷付いても良いように自分自身を"守る"ためにも「強く成ろう」とするのです。案外、可愛い者達です。どうか今までの事はすべて『許し』て"水"に流し……。この『許す』行為も、人生では、大変「厳しい修行」です。ですが、今後の男性達に期待して、「どのような素晴らしい"和心の進化"を見せてくれるか」、共に過越して行きましょう。

* 『男』性と『女』性の"悟り"は、このように「雲泥の差」です。
  * 男女の両極性の進化と悟りについてのまとめ
  ここで、もう一度整理しておきましょう。
  【男女性の進化】
  男・女の役割は、「種が男性」で「畑が女性」。この「種と畑」が出来上がった順番は、後述の「道具＆器」の精巧さ、役割の複雑性から考えても、「畑」の部分が先に出来上がりました。
  しかし、「種子」の品質向上を優先した為、男性の進化が、今世紀まで先に行われて来ました。
  【男女性の悟りについての比較】
  この「悟り」の問題は、「両極(二極)性」というよりは、「ミクロか、マクロか」に"端"を発します。"ミクロ(無・男・種)"＝「無の境地」へ向かう発想……元々小さな「、(点)＝自分」がより小さな「・(最小の点の確認)＝無」への思いへと「我」を極め、全てを包含する意識から、"マクロ(有・女・畑)"＝「宇宙と一体化」して行く発想「∞(無限大)」へと、より大きな「進化」を示す事が『悟り』の極意です。が、それさえも、"魂"の男女比＝縦と横の力バランスの形「＋」の成長度合が問われて行きますので、その進化度は、男女性の比の「＋」(縦横比)の個人差をそれぞれが考慮しながら、同時にその"魂"を「観得ない立場から守護し、導いている存在」の指導力によっても、"考慮されながら"行われている、複雑なモノです。

このような『女』性の"悟り"を、皆様にお話する"私"に、どうか「＊石を飛ばさないように」……。
  ＊石を飛ばす
  霊的な目で見る、"気"で出来た"石を飛ばす"行いとは、「文句を言う様

です。
　また、同じような表現に、"泥を塗る"というものもありますが、それは、「相手を汚し、相手の"輝く波動"を下げようとする行為」です。他にも皆様は、色んな"気"を物質化した"念"という作品をたくさん作り上げ、それを年中生産し続け、色々な他者や場所へ投げたり、ぶつけたり、落としたりして生きている事実を知りません。どうか、この世の皆様が、それらを覚(さと)られ学ぶ事をお祈りしています。

2007.03.08　20:30
（8）人間の『＊器』
先に述べた文中で、「人には、それぞれの目標や志がある」と述べました。
「人」の成長過程では、「希望の光」に出会う前は、＊個人個人がそれぞれの過去世で経験してきた「動物世からの影響（習性や教訓）」を引きずって、「人間」として生きています。
ここで"私"が言う「人間」とは、「人」として生きる前段階の事です。
　「人」が支え合う前は、「＊人間」として"間"が開く(あ)（「繋がっていない」の意味）のです。
　　＊器
　　　霊的な目で見る「人」の"人格"、これが「霊格」と呼ばれるモノです。それらは、男性部分と女性部分とで、「道具（＝男性）＆器（＝女性）」の形態が異なります。人間の"人格"＆「霊格」が、「自分さえ良ければ良い」との考え、遊び道具に見る"玉（ボール）"の状態から、他者のために生きる喜びを知る"心"が育った時、初めて「道具＆器」へと変貌、支え合う者＝"人"と呼べるようになります。
　　　「人」の前段階は「人間」（＝霊的子供）です。私達は、「人」として、また「人」と成れる様、成長するために「ここ地球へ生まれて来る」のです。
　　　「肉体」部分が、「男性」でも「女性」であっても、この「道具＆器」で表される"性"(サガ)の違いは、"仕事（＝役割）の質の違い"だけであって、「他者の役に立ちたい気持ち」は、男女共に、同じ"心"から発します。
　＊個人個人がそれぞれの過去世で経験してきた動物世かうの影響（習性や教訓）を引きずった人間として生きています

具体的な例を上げると、前回を『犬』として生きた「人間」の習性では、本人は無意識ですが、本能的に「長兄制度」を理解しているので、一家の主人や自分の立場から観た人間関係の上位、下位を素早く判断し、自分自身の身の振る舞い方を決めます。このようなヒトの考え方の特徴は、大概"偉い人"が上に居る"ので、自分以下と思う人をバカにし、自分以上と判断した人には媚び、へつらいます。これは一般的な「犬の習性」ですが、もちろん「利口な犬」もいるでしょう。すべてにおいて物事は一概に言えない事ばかりですので、鵜呑みにしないでご自身で考えてください。

犬以外の動物でも、「人間と心通った動物世（の一生）」を経験すれば、次の世から「人間」に生まれ変わって来ますので、その動物が持つ習性が行動に表れます。だから、色んな「動物」と"自然に関わる事"が出来る人は、たくさんの「人間」の習性も自然に理解できるのです。（ここでの"自然に関わる事"とは、世話が出来たり、勉強して学んだ……という意味ではありません。近寄って可愛がる事でもありません。嫌がらず、怖がらないで"自然に振る舞え"、動物と「対等に接する事」を指しています）

＊本書の「人間」の定義

ここで使う「人」とは、お互いに支え合って生きようとする者を指しており、対する「動物」とは、本能に従い"純粋"に生きる者達を指しています。その「人」と「動物」の進化の"間"に位置する者が「人間」で、「間」が付く所以です。

また、「動物」は皆、"本能"から来る習性で生きていますが、「人間」のように同種で"自滅する動物"は稀です。そういう点では、「人間」の中にいる"殺し合い"をして「平気な者達」は、人口的には稀かも知れませんが、「とても身勝手な生き物」ではないでしょうか。上記のように「人間」は、「動物」として生きていた時代の名残を特性に持ち、行動パターンに各々の違いを見せます。

「肉体」のその奥に「習性」として残り隠れた"動物時代の本能"の癖が、お互いに「人間」としての皮を身に付け、表面上では「動物ではない」と否定していますが、内面では「独自」の生き易さのみを優先して生きている「人間」、それらの「行い癖」は、本人は分からずとも、自ずと周囲との不協和音が聞かれる事で証明されていきます。が、当の本人は全く察知する事もできないで「我」を張って（がんばって）生きています。それ（神が決めた采配）を非難する事は誰にもできません。

「人間」として生きている間は、＊『器』がありません。

＊器がない
　図3でわかるように、「人」として役立つ、実生活で活躍出来る「道具」という代物ではなく、"ボール"のような「オモチャ」＝遊び道具です。ここで用いた「オモチャ」は、「道具や器」ではありません。"魂"そのままの形容（"ボール"型）で、人間的にはまだまだオモチャが欲しい幼い段階です。これを精神的には「幼児性」と呼び、多くの社会問題を引き起こす張本人達の「霊格」です。精神的に観て大人に育った方々には、到底理解できない感覚です。

つまり、人を支える"者"＝「道具や器」ではない、という事です。

【図3　人間の霊格（男女共に『器』の前段階の例）】

・パチンコ玉　・真っ黒な玉　・野球ボール　・ピンポン玉　・ゴムボール

よく耳にする台詞では、「あの人は、器が大きい」、また「器の小さい人ね」などと、その"大小"で表現しています。あれが、本来『霊格』と呼ばれるものです。

基本的に男性の『器』は、ほとんど「棒」状の形に近い傾向を示します。

この男性の霊格「棒」の場合、目覚めていない"魂"の「球状」と、目覚めて大分成長した大人の男性の「棒状」は、一見すると丸みを帯びているので、絵柄上では混同され、誤解されてしまいがちですが、その道具のサイズ＝"大きさ"が遥かに違うので、その点をよくご理解ください。

また、前述の両者の中間にあたる進化段階の男性"魂"では、「棒」の形状がより研ぎすまされた「刀」の形状へと進化し、その成長の度合が進む者ほど、よく鍛えられた「刀」になっていきます。……"切れ味"を試したくなり、競い合うのは、当然かも知れません。

そのような「刀」では、"腕力"ばかりではなく、"知力"や"生活力"、

"名声"など様々な分野でも競い合います。しかし、あくまでも他者に役立つ道具として、皆様を支える「棒」に成長していきます。……『器』の説明は奥が深いので、まだまだとても難解です。

【図4　男性の霊格　（男性の『器』の例）】

・墓石　　・バット　　・木　　・剣　　・擂り粉木

一方、女性の『器』＝霊格は、一般的には「受皿」のような形をしています。
女性の"魂"も、目覚めず寝ているだけですと、「玉（遊び道具）」状です。しかし、目覚めた『霊格』＝器を持つ女性は、皿や料理に使う"ボール（"球状"ではない）"など、文字通り『器』の格好をしています。
「"魂"の器」は、他にも色々な素材や材質、色、大きさなど様々な形状で出来上がっています。そして、人それぞれで、全く同じという"品物"が一つもないのです。

【図5　女性の霊格　（女性の『器』の例）】

・徳利　　・グラス　　・釣鐘型　　・台所用ボール　　・コーヒー

この＊『霊格』を見定められる目は、"魂"が育ち、「霊的な大人」に成らなければ得られません。生意気ではありますが、皆様の『＊霊格』

は、一目瞭然で"私"の目に飛び込んで来ます。
これらについては、ここで全てを説き明かす事は難しい問題です。
　＊霊格を見定められる目
　　これは、「この世の人間」には見えません。直接天界の指導を得られる場合か、またそれなりの役目が生じ、きちんとした指導霊が付いて居る場合でしか観得ません。それでも個々により、「何となく」の微力ではありますが、人物に対して「"器"が大きいか、小さいか」などを感じられる能力は、それぞれのレベルで養っていけます。

皆様は信じられないかもしれませんが、『霊格』は、この世でしか著しい成長が見られません。そのくらい「この世の体験」は、"霊界"とは比較にならないほど「大きな成果を生む場所」なのです。これについても、もちろん皆様のご要望にお応えする形ですが、「いつか本に出来たら良いな」と思います。
どうぞ皆様、ここで出会った"互縁(ごえん)"を大事にして、ご自身の自立のために、多くの皆様と共に一緒に学び合える喜びを、心の底から味わえる事を希望しています。

第3章 「＊五感」、その先……
私達の「五感」は、個人により大きな"違い"があります。

2007.03.09 10:58
（１）個人による"違い"を、お互いに理解する事が大切です
私達の「五感」は、個人により全く"感覚"が違います。男女の性別、年齢、職業、育った環境や住む地域でも違います。
それさえも、お互いに良くは分かりません。「何か違いがある」点だけは、お互い理解できたとしても、その違いの"差"をなかなか理解できません。
それでも世の中は、回り続けています。お互いに少しずつズレている、その"感覚"のまま、様々な問題を露呈しながら。

> ＊霊的五感
> 肉体の感覚で知り得る「五感」と、霊的な「五感」とは、その感じ方までもが随分と異なります。「霊聴・霊視・予知・予言・過去世回帰・念力・テレポーテーション・神通力・気功・ヒーリング・山勘・既視感」など、日本語で表現される霊的能力は、このくらいでしょうか。実際には、「空気」を察知する能力も十分「霊的な五感」と言えるでしょう。以下に、それぞれを少し詳しく紹介します。

2007.03.09 13:51
（２）『＊視覚』
最初に、五感の一つ『視点』から考えてみましょう。
ここで言う『視点』とは、視野の中の「どの部分に注目したか？」を言っています。
この『視点』は、その瞬間毎に注目した箇所がそれぞれ異なる場所を、また、偶然にも同じ場所を"捉える意識"です。
この『視点』の違いを私達は、「良く気が利く人と気が利かない人」、「敏感な人と鈍感な人」、「神経の細かい人と図太い人」、そのような分

け方で、自分を、また"他者を理解している"はずです。
"あなた"は本当に"敏感な人"ですか？　また、本当に"鈍感な人"でしょうか？　それとも「普通」？

　＊霊的な視覚
　本書の中で"私"は、霊的なモノを見る目を「霊眼」と呼んでいます。そして、その「霊眼」を使って、霊的なモノを見る事を「霊視」と表現しています。「霊視」に関しては、その人生で己の物事を観る目を磨いていたらば、自然と「色んな存在」に出会える可能性が出て来ますが、これにも「同調の法則」が働いているので、「霊視」出来る人の近くにいる機会があればある人ほど、より敏感な人ほど、徐々に「その能力」は伝染し、開花して行きます。また、「霊視」の能力では、大体の方々の"脳の内部"の前頭部に、多くの「映像」が映って観得るようです。その「霊視」では、それぞれ各自の観得る「世界」が違います。
　一般的な「霊能者」と呼ばれる人達の「霊視」は、主に幽霊や先祖の霊などで、比較的地球と関わった近い過去を生きた霊が見える場合を呼んでいると思われます。しかし、「霊的な視覚」で観得る存在はそれだけではありません。では、どのような存在が、各次元に存在しているのか、おおまかにですが、以下に挙げてみましょう。

〔各次元を結ぶ各階層名による霊視"像" ……………………………職業〕
七次元・天使界：天使や神様（至高級神霊）………………………神事を司る人
六次元・精神界：龍神や稲荷神（高級神霊）………………………神事を司る人
五次元・芸術界：精霊（飯綱、天狗など）や仏様（成仏した霊）……神事を行う人
四次元・精霊界：妖精や魂（オーブ）・オーラ……ハンドヒーリングを行う人
三次元・人間界："気" …………………………………………除霊を行う霊能者
二次元・幽玄界：幽霊や邪霊（キツネ、タヌキなど）………淨霊を行う霊能者
一次元・妖魔界：悪魔、鬼、魔物、妖怪（蛇など）…………淨霊を行う霊能者

　〔職業〕欄には、その職業に実際携わる方々が、「その霊視能力を持っていれば楽なのではないか」という判断から、このように例をあげましたが、今この世で「神事を司る人」の多くが、天使や神（高級霊）を観得ているかといえば、おそらくほとんどの人は「観得ない」と応えられるでしょう。何故なら、その「六・七次元が観える能力」は、主に「女性」にしか与えられていないからです。

しかし、日本では、そのような役職は、圧倒的に「男性」です。「正しい神事」が、純粋な"心"を通して行われていれば、男女どちらでも「失礼には当たらない」のかも知れません。
また、多くの場合、当人の勘違いで「高級霊が観得ている」場合が多々あります。それは、自分の能力を見せ付けたり、その能力を持っている事で威張ったり、ひけらかしたりする人達で、そのような方々は、「決して、自分は騙されるわけがない」と考え、「高級霊が観得ている！」と言い張ります。
ですが、ここでハッキリと釘を刺させていただきます。
高級霊や天使達は、そのような「傲慢な考え方」をする人の前には、決して現れませんし、声も聞けません。ですが、その「傲慢な考え方」をする方が、自分で「安易な考えをする人間だ」と、奇跡的に気付いたならば、その時点から素晴らしい人格者となる希望が湧くわけですが……。この『人格』については、余程の実力が備わっていない限り、「自分の物は良く分からない」ものです。それは、この世を真っ暗"闇"としてしか目に映せないのですから、分からなくて当然です。そのような理由があるので、もし「観たい」と思う方が居られたら、欲や甘い考え方を捨て、厳しい目で「自分自身」を磨いて、少しでも光りを目に映す努力をしていただきたいと思います。

2007.03.09　13:28
　（3）『＊聴覚』
では、『聴覚』は、どうでしょうか。
その時々に「耳に入る音」、「耳に付く音」……、その点に"意識"が向いているはずです。耳に入って来たその「音」は、"あなた"の聞きたかった「音」でしょうか？
それとも、自然と耳に入って来るので、拒めず に聞いている「音」でしょうか。

この『聴覚』は、普段"意識"されないで、"あなた"の意識中に「ただ入って来るもの」なのでしょう、英語の"ヒアリング・テスト"を除いては。
　＊霊的な聴覚
　　前述の「霊視」同様、個人的にキャッチできる「霊聴」能力からも、各階層

の"霊達の声"が聞こえています。また、各階層での「会話」も、お互いの"心"が開かれていれば自然と出来ます。

この「霊聴」能力は、「霊的視力」より感度が高く、より細妙な能力です。しかし、当人の「霊的聴力」の感度が低い場合、邪霊に「"高級霊"からのお告げ」と騙される場合が日常茶飯事ですので、注意して「自分は、この霊に"騙されて"はいないか？」と、絶えず自問自答を怠らないようにしましょう。過去の犯罪歴や最近の傾向では、このような「低次元からの囁き」で"犯罪"を犯してしまう者が少なからずいます。

ナマジ霊的能力を持つと、絶えず"ターゲット"として狙われてしまうのが「この世界の"常"」ですから。どうか、お気を付けください。

2007.03.09　13：53
（4）『＊味覚』

その次として、『味覚』はどうでしょう。

『味覚』は、非常に個人差のある感覚です。「甘党」、「辛党」、「酸っぱい物好き」、"自然食"好きからの「健康志向」……。

好みによって、その人の「趣味、傾向、性格」などが、理解できてしまいそうですね。

この『味覚』、よく「体験」になぞらえられています。「初恋」を"甘い体験"と呼び、「失敗」を"まずい"と、表現します。「上手い話」を"おいしい"と言って期待し、騙されて「辛い体験」を"苦い"と言います。

やはり何事も、何度となく「味を見ない事には理解できない」のが、『経験』なのでしょう。

　＊霊的な味覚
　　「霊的味覚」という感覚は、主に経験に対して"その味覚を当てはめられる能力"を言います。
　　例として、
　　　「他者を"甘く"見ていた」……「他者をバカにしていた」という喩え。
　　　「"苦い"思い」……「辛い体験」をした際に使用。

「とろける気分」……「気持ち良過ぎてドロドロになったような思い」を表現。
「"渋い"人」……「古さの中に光る、味わいある仕草や言葉」を持つ人を喩えて。
この「霊的味覚」に関しては、ほぼ99.9％の確率で「霊的嗅覚」の発達している人に開いている"能力"です。

2007.03.09　13:55
（5）『＊触覚』

「痛み」を"感じる事"以外では、あまり意識されない『触覚』についてはどうでしょうか。
私達は、国や地域によって、様々な触れ合い方をしています。
日本では、"スキンシップ"と呼ばれる「肌の触れ合い」に、抵抗感を感じる人達がたくさんいます。
「触った！」と言っては「セクハラ疑惑」を掛けられたり、「ケンカ」になったりします。もちろん「痴漢行為」は、そのほとんどが一方的で不愉快な犯行です。
しかし、欧米や他国では、あいさつに"スキンシップ"が取り入れられている国もたくさんあります。

最近の私達日本人は、昔よく使ったフレーズ「袖すり合うも他生（多少）の縁」を"苦手に思う"傾向があると見受けられます。この「袖すり合うも他生（多少）の縁」なる感覚を、もう一度思い出して生活してみませんか？　それにより、心が豊かになるような気がしませんか？

＊霊的な触覚
これが、俗に言う「霊感」でしょう。この能力があるだけでも充分「霊的な存在」を察知できると思います。ですが、これだけの感覚で「霊能者」と名乗って商売できるかというと、疑問を感じます。それでも、この能力は、色んな場面で自分を守れるかも知れない"ラッキーな能力"だと思います。

2007.03.09 14:10
(6)『＊嗅覚』
最後に残った『嗅覚』について。
この『嗅覚』は、意外にも、たくさんの「私達の経験」を左右しています。「好き嫌い」は、この『嗅覚』の"感覚"が決めています。
「好き嫌い」だけではありません。「やる、やらない」「行く、行かない」「する、しない」等々、それほど『匂い』とは、「人を惑わせる魅力」を持っています。その逆も然りです。

私達は、つい"無意識"に、また"瞬時"に、自分の行動を、この『嗅覚』の感覚から判断しています。それは、何故でしょうか。
人間には、動物世から培って来た『本能』という原始からの"感覚"が、今も魂に残っているからです。
絶えず「『本能』的に判断していないと、危険にさらされる」という、この遠い過去からの「教訓」が、今も"魂"に焼き付けられ、身体中で無意識に働いているのです。これも、大切な「進化過程」の一つです。

　　＊霊的な嗅覚
　　　持っていて一番ラッキーな能力は、この「霊的嗅覚」と言って良いでしょう。この「霊的嗅覚」が発達していると、野性的な本能から来る「山勘」が多いに働きます。
　　　俗に、女性が「ピンと来たわ！」と、言う時の能力がこれに当たります。主に、「邪霊」が憑いている人達の得意とする分野ですが、それを聞いては「あんまり嬉しくない」でしょうか。しかし、この能力は、「人間」にとって「一番人気のある能力」なので、様々な場面で、この"力"を欲しがっている人達の声を耳にします。自分の「人生の羅針盤」として活躍しているこの能力、"野生の出所（獣であったという事）"がわかっていないから、「"欲しがられる"能力」なのかも知れませんね。

2007.03.09 14:24
（7）『その先』
以上、「五感」について、再認識してみました。
この「五感」の中で、『嗅覚』という感覚が、実際は私達に一番強く影響を与えています。"あなた"は、「それ」を＊選択する時、何を基準に決めていますか？

> ＊選択する基準の重要性
> 　物欲や我欲からの行動は、得意な「山勘」の方が、上手く立ち回ってくれるでしょう。
> 　しかし、もし"あなた"が、心に決めた目標＝「他者のために生きたい！」と、強く望んでいるのであれば、「山勘」よりは、"目標"優先の選択で物事を決めた方が賢明でしょう。「山勘」は、大体において「自己利益」優先でしか判断できない"能力"ですので、得てして周囲の皆様に対し、多いにご迷惑をお掛けする結果に繋がるかも知れません。
> 　他者のために生きる選択をされた人達は、「他者利益」を考慮に入れて物事を判断しなくてはなりません。その際、「山勘」は脇に置いて「熟慮する」事も大切な判断材料の一つです。

では、その次に来る「第六感」以上の感覚は、一体、どのようなモノなのでしょうか。
皆様から聞かれる、「勘が働く」「鼻が利く」「ピンとひらめいた」などと表現している現象、それらが、『第六感』と呼ばれているモノです。

この感覚は、大きく分けると二種類あり、「真上から降って来るモノ」と「下から湧いて来るモノ」があります。
「真上から降って来るモノ」、これは皆様が「＊インスピレーション」と呼ぶモノです。
また、「下から湧いて来るモノ」、これが俗に言う「＊勘」と呼ばれるモノです。

> ＊インスピレーションと山勘の違い
> 　厳しいようですが、インスピレーションは、頭頂の真上（"カッパのお皿"に

当たる部分）からだけの降りモノです。斜め上からなどの曲がった降り方はしません。

このようなインスピレーションとは、「霊的視覚」の「五次元から上の霊的回路」から降って来る、霊言や霊的ビジョン（夢のような映像など）、音楽、絵画、その他ありと"あらゆる発見"も、この"力"＝「インスピレーション」と表現して良い感性です。

それと比較した「山勘」は、つい下りて来るその気配を斜め上から感じ、そこを見ている時にフッと湧いて来る、まるで「インスピレーション（＝ひらめき）」に似せた動物的"勘"（直感）で、ついつい「当りor外れ」を気にしてしまうタイプの答えを導き出します。きっと、「当たるも八卦、当たらぬも八卦」と、騙されても良いと思える感覚なのでしょう。

そして、その『第六感』とは、どこからやって来るモノでしょうか？
後者の"勘"は、＊様々な方面からやって来ています。
　＊様々な方面
　　「インスピレーション」を受け取る以外の場所、すべてを指しています。直接「耳に囁かれる」ことも、多々あります。

アスタリスクの光

「承」の巻

―――― 進化の気指志 ――――

この『天使の絵』は、"あなた"の中道を浄化し、
「 天使界への通路 」を清掃します

15秒程眺め、この『絵』の空気を深呼吸し、
"あなた"の身体＝オーラに循環してみてください
天界からのより難解な『智慧』が、理解しやすくなります

─── マーガレットの気持ち ───

この『天使の絵』は、
見つめるだけで、お互いに、笑顔になれる、
そんな楽しい空気に"あなた方"を包んでくれています!

友達とのいざこざや問題解決にも、力を発揮してくれます

――― 一緒においで ―――

この『天使の絵』は、見ているだけで、
心をウキウキさせてくれ、
楽しい空気で"あなた"を満たしてくれるでしょう！

土地柄に関する問題にも、とても不思議な力を発揮してくれます

――― 桃天使 ―――

この『天使の絵』は、力強い風を吹かせ、
"あなた"の周りの環境をガラッと「変身させてしまう」……

そんなエネルギッシュなパワー(強力な浄化作用)を出し続けています

――― ペガサスの翼 ―――

　　この『天使の絵』は、
男性の天使が、"ナイト"として登場してくれました

「とても力強く"あなた"をサポートしてくれる」事
　"間違いなし"のパワーを発揮しています

――― 天女の羽衣 ―――

この『天使の絵』は、
天女が二人で「女性にとって"本物の宝石"とは何か」を、
教え導いてくれています

純粋な"あなた"を発見させてくれるはずです……

―――― 天使のくちづけ ――――

この『天使の絵』は、
「バラバラな家族が一つの輪（和）になる」様、
祈りが込められています……

うつや精神的な問題にも、強い力を発揮してくれます

――― バラ＆鈴蘭 ―――

この『天使の絵』は、
「らんらん、りんりん、るんるん！」と、
不思議なくらい、楽に浄化を促し、
可憐な"あなた"へと、変身させてくれるでしょう
本当の友達を"見極める力"も伸ばしてくれます

―――― 進化した大坪 ――――

この『天使の絵』は、夫婦が一つになり
「人生の荒波を乗り越えて行く」、
"心"温まる力が込められています

―――― 帽子の芯 ――――

この『天使の絵』は、
「リウマチ」の方のために描いた作品です

不思議な力で病気を乗り越えさせてくれる、
そんな力強い、"あなた"の味方です

夜寝る時、"あなた"の頭の真上に向けて枕元へ、
この帽子を被る位置に置くと、
その威力を発揮してくれるはずです

――― 華やかにハイビスカス ―――

この『天使の絵』は、
兄弟姉妹仲を良くする、
とても不思議な能力を発揮します！

「何故だか、素直になれる……」、そんな力も見せてくれます

―――― ハートのエプロン ――――

この『天使の絵』は、
「ガミガミお母さん」から、「明るいお母さん」へと、
変身させてくれる事でしょう

家全体を、「楽しい空気」で満たしてくれます

――― 龍神 ―――

この『天使の絵』は、
龍神が描かせてくれた作品です。

地球上のあらゆるモノを浄化へと導く、
とてもスゴいエネルギーを、放出しています
どうか、"心"してくださいね

アスタリスクの光「承」の巻
目次

天使の絵

第4章 "魂"の住む場所＝四次元
  これまでのおさらい ——————————————— *18*
  『チャクラ』の説明 ——————————————— *22*
  四次元の"心" ————————————————— *26*
  何を発信？ 何を受信？ ———————————— *31*
  『魂』の定義 —————————————————— *34*
  『念』の定義 —————————————————— *37*

第5章 キリスト意識＝＊アスタリスク（六次元）からの使命
  『彼岸』と呼ばれる世界 ————————————— *42*
  『彼岸』とは、どんな世界か ——————————— *45*
  アスタリスクの使命 —————————————— *46*
  "魂"の霊格 —————————————————— *48*
  六次元の霊能力 ———————————————— *49*
  釈迦とイエス・キリストが来た世界 ——————— *51*

第6章 物質界－三次元－
  この世では、苦しんで良いのです ———————— *54*
  精神力とは —————————————————— *57*

第4章 "魂"の住む場所＝四次元

*"心"は、"目"に

　*心は、目に
　　"心"は、12chのチャクラで「感情の波」を受信送信していますが、この"心"に正直な発言＆行動をしていると、"心"が晴れ、スッキリした状態」＝クリア（透明）となります。常時「人間」が、この「晴れた"心"」でいるか「曇った"心"」でいるかは、「目」を見れば一目瞭然で判別できます。「"目"は、"口"ほどにモノを言う」、これは「事実の証明」です。

2007.03.10　10:06

（1）これまでのおさらい

"私達の「宇宙」は、【意（i）】から始まりました。

"私達"という「存在」は、【思（si）】から始まりました。（元々上には、亜（a）が有ります。）

これら二つが交わった時、『意志（isi）』を持つ、あらゆる「宇宙の存在」が生まれたのです。＊【意＝（i＝アイ）】は、「愛」のエネルギー（e）です。

　＊意＝（i＝アイ）は、愛のエネルギー（e）……【意】の方程式
　　【意】の方程式　「愛（i）＝エネルギー×エネルギー体＝(e)^2」これをなるべく"正確"な「日本語」にします。
1. 全てが"愛"＝「宇宙のエネルギー」だった"私達"は、一つ一つの「小さな"意"」と成りました。
2. そこから産まれた"私達"は、そこに元々在った大きな"愛"＝「宇宙のエネルギー」に"反発（×）"しました。
3. その「"反発"した力」（＝↗……これは『方向性』）は、様々な角度へと飛び散り変化して、色んな「エネルギー（＝e）」と成りました。
4. 「大きな"愛"（i）＝エネルギー×エネルギー体＝(e)^2」これを、正確なビジョンに起こします。
5. "光"から生まれた私達は、一粒一粒の「小さな"闇"」＝(e)を作り、"愛"に立ち向い、それぞれがさらに"反発（×）"をしました。
6. その「二重に"反発（×）"を重ねた力」（＝↗↘)^2　は、地球上（三次元）

で物質化され、生命（△）として誕生しました。
7. 私達「人間」の意識の正体は、反発心＝（e）です。

　　（×）…交配＝かけ合わせ
　　（△）角の立つ、磨かれていない状態

　以上、これらが私達「人間」の元々の姿＝「"闇"の本質」です。

【思（si）】は……＊究極の思（si）いが『志（si）』になり、爆発（拡散）しました。
　＊究極の思（si）いは志（si）になり、爆発（拡散）しました
　　これは、前記〔2. そこから産まれた"私達"は、その大きな"愛"＝「宇宙のエネルギー」に"反発"しました〕とある状態のことで、あらゆる存在からの「たくさんの思い」が集まることで、たくさんの熱が発生し、収拾がつかなくなり、結果的に爆発を起こしたのです。

『ビッグバン』は、私達の"創造の産物"であり、"象徴の賜（たまもの）"です。私達がいつか、果て知れぬ"永遠"を経験した時、再び互いが歩み寄り、＊収縮して行くのかも知れません。
　＊収縮して行く
　　結果的に「爆発した思い」は、やがて、永遠の時を掛（描）けて、落ち着き場所を定められ、収集して行くでしょう。

ここまで、上記でも同様、幾つかお話して来た単語に「アルファベット」がありました。
皆様は、『＊言霊（ことだま）』という単語をご存知かと思われますが、その『言霊（＆＊音霊（おとだま））』という「音の響き」＝「アルファベットで表現した"音"」が、『言葉』を作っています。
今、この場で"私"が行っている、書く"作業"、これも正しく『言霊』を取り扱った"作業"です。皆様が、日常会話などで使用される"言葉"が『音霊』です。
これが、様々な「霊的な宇宙」を知る上で、とても"重要な鍵"とな

ります。
　*言霊
　　「文字」＝目（心）に写す"エネルギー"＝主に「文語体」での「文章表現」を言います。
　*音霊
　　「言葉」＝耳（心）に響く"エネルギー"＝主に「口語体」での「口頭表現」を言います。

　例えば、ここで何度となく登場した「シ（si）」という"響き"、これは、音階のド・レ・ミ・ファ・ソ・ラ・シ……の「シ」の"響き"と同じです。
　宇宙に充満している全ての法則は、「波」が伝わる状態＝「波動」＝"＊波の調べ"から起こります。
　"調べ"とは、合わせたり、反発し合ったり、複雑に組み合わせたりの"波調"を意味します。
　*波の調べ
　　「音」も、"空気の波"を作る、肉眼では「見えない"波紋"」です。厳密に言えば、宇宙にある"水"の動きは、地上の動きより遥かに機敏なので、"波紋"も激しく細かいモノになります。このような、小さな粒子のぶつかり合いやそれによる移動が、「波動」です。
　　"光"は、物質とぶつかると屈折しますが、基本的にはクルクルと回るある一定の幅を、遠心力を利用しながら"直線"で進みます。だから、地上では「音」より遥かに速く進みますが、「音」は元々振幅しているので真っ直ぐには進まず、"波を立てながら進みます"。これが、各「波動」によるそれぞれの持ち味です。

　音階の"波動"では、「＊シ」が、一～七次元の「7」を表現しています。もちろん、その音階の階層中で、一番高い「音」の"響き"です。さらにそれは、「天の世界」をも示しています。
　また、別の意味では、"死（後の世界）"の"響き"でもあります。
　*「シ」の音霊表現
　　もちろん「シ」の意味は、様々な解釈がありますが、音階の「シ」では高い

「志」の意味で、「七次元の波動」と同調しており、また、同じ発音を持つ「死」は、「此岸（此の世）がここまで」で終わる領域を意味し、次のステップへと"上る"意味も加味しています。

現実は、もっともっと深く大きな"＊真理"という法則によって、何事も導かれています。

 ＊真理の法則
  「真理」＝「本当の道」です。特別に難しい教義が存在するわけでは、決してありません。誰もが納得できる、「筋の通ったお話」が"私"の言う「真理」です。これを『智慧』と呼んでいます。もし、この『智慧』に納得できない方が居たら、その方はきっと、『我』を通して話したいお方でしょう。しかし、「真理の道」の教え＝『智慧』には、我がままや勝手な道理が通らないのも事実です。だから、甘い考え方をする方には、「耳の痛い話」となってしまうのです。

『聴覚』が働く＊"音階（1音階に ♯ ・ ♭ 合わせて12音）"があり、『視覚』が働く"色調（"虹"の色）"があり、『味覚』が働く"味の階層"もありました。

 ＊音階（♯♭合わせて12音）・虹の色・味の階層
  これらの"感覚"が、すべてきっちりと12段階あるかは微妙なところです。この一つの段階の"格差"も、個人的には千差万別な対応や判断となりますので、「大まかに分けるとするならば」という条件や、「妥当な段階」の目安……というくらいのモノです。しかし、この三次元での『言霊』を利用しての文章となりますと、どうしても四角四面の「キチッ」とした『単語』で示さねば、多くの皆様には納得していただけない内容だと思います。どうかその点をご了承ください。

そして、私達「人間」に、一番影響を及ぼしている"感覚"が、＊好きか嫌いかの『嗅覚』でしたね。

 ＊好きか嫌いか
  この「嗅覚」は、非常に個人差のある「趣味趣向的"感覚"」ですので、一概に妥当な『単語』を見つけられませんでした。

また、「イヤイヤ『＊触覚（温かいか冷たいか＝好きか嫌いか）』の方が影響しているぞ！」と、言われる方もいらっしゃるでしょう。

＊触覚（温かいか冷たいか＝好きか嫌いか）
この「触覚」こそ、個人差だらけの「感覚」ですので、こちらも一概に妥当な『単語』は当てはめられませんでした。

さぁ皆様、ここで、私達の大事な大事な"魂"の住処（すみか）、『四次元の扉』を叩いてみましょう！

2007. 03. 10 10：55
（２）『＊チャクラ』の説明
只今、前項目の末尾で、『四次元の扉』と申しました。この"扉"を、"窓"と訳される方々もいるでしょう。そしてまた、その"窓"を別名『チャクラ』と呼んでいます。
この『チャクラ』に関しては、大きな和太鼓の両側にある"音の出る皮が張られた部分"を思い浮かべていただきたいと思います。
「響き合う"面と面"」、これが、チャクラ＝「"心"の正体」です。

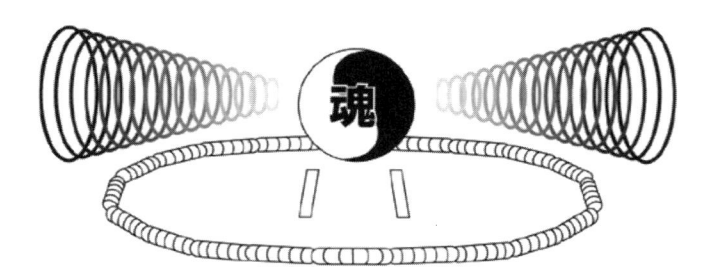

図６　"魂"の霊的視覚での様子

土俵は、肉体の「横隔膜」で、土俵のサイズは、「中道の太さ」を表しています。

＊チャクラ
　本書巻頭カラー図1「7つのチャクラ」、図2「チャクラ12ch」をご参照ください。

"心"は、大きく分けると1階～7階までで、全部で七つです。
1階と7階だけは、共に「とても大きな"ワンフロア"」で、それぞれその階（界）では、様々な分野と繋がっていて一つの世界を構成しています。
2階から6階までは、向い合っている「♯＝明るい部屋」と「♭＝暗い部屋」が、それぞれ各二部屋あります。

「人」として、ある一定の時期を過ぎ、"魂"が大人へと成長すると、それまでは多くの『男』性に備わっていた"＊下心（特定の思考回路）"がなくなって、両極性的な人格のバランスが均（と）れて行きます。
　＊下心（そな）（特定の思考回路）
　　例えば、俗に「"下心"がある」とは、目の前の女性だけとは限りませんが、あらゆる場面で男性が興味を惹かれる女性を見る時、「『Hな行為が出来そうか否か』を瞬時に脳内で判断する」という意味で使用する場合があります。すべての男性に、同様な「"下心"がある」訳ではありません。ですが、これは、"精神性"を優先する「"心"の態度」に対する興味がない男性に多く見られる傾向です。
　　この"下心"を露骨な態度に出すか、隠すか、全く出さないかなどは、男性自身の「品位」の問題かも知れませんが、"内心"を隠そうと自分を偽るほどに、"歪んだオーラ"として「正直」に体外へ出て来ます。純粋な「霊眼」では、どんな発想も見破ります。だからと言って、その"下心"を否定する気持ちは、全くありません。これも、ある段階での、とても貴重な経験です。ちなみに、男性ばかりが"下心"を持っているわけでもありません。

　①女性の場合、「音階」で説明すると、"男性の下心"より半音上がりますが、立派に"下心"があります。男性の場合と同様、これも"極性"から来る性質なので、持っていて当然で、何も問題はありません。
　　男性の場合では、「かなり譲歩した女性選別眼」で考えを巡らせますが、一方、

女性の場合は、"種"を育てる本願があるので、「"種"の良し悪し」にこだわります。これが、女性の半音高い"下心"の特徴です。
　「ハーレム」現象は、「女性の性（saga）」で、「品質の良い"種"を己の身に宿したい本能」からの得をするための作戦です。男性の「俳優やアイドル」に熱心になる女性心理は、このような"習性"がそうさせるのでしょう。
　男性の場合、たくさんの女性にモテたい心理は、心のどこかに大いにあるでしょうが、「身の程を知っている（これは、『男性の器＝道具』から来た能力で、縦方向に強い見識を持った、"見比べる力"のお陰）」ので、下心が旺盛な方ほど色んな女性を受け入れられます。
　女性は、半音上がったり下がったりしている分、男性より"意識"がフラフラと浮かれてしまうので、「"自分の真の姿"を理解しにくい性質」となっています。

＊『男』性の"性（サガ）"は、"魂"進化の初期段階では、特にとても大事な"指針"です。
　＊『男』性のサガ
　　"魂"が進化して行くと、「"精神性"に対する興味」が、当然の如く湧いて来ますので、女性の品"種（ひんしゅ）"にこだわる"心"と同様に、男性の皆様も「畑（どうよう）品質の良し悪し」にこだわるように成ります。これは、当然の成り行きです。そのこだわりの"面"と"面"が、お互いに納得できた時、「結婚」＝ゴールインとなるのでしょう。現在の日本は、こういう点から見ても、とても幸せな国民です。少し前までは、顔も知らないお相手と「結婚」していたのですから。
　　この「結婚」が、一夜限りの夢のように"儚（はかな）い関係"で終る場合もあるでしょう。しかし、「人間」が"魂"の両極性の問題を発展させ、大きく成長し、やがては"魂"が半分半分に分かれ、この世で出逢う時がやって来ます。それが、"魂"の伴侶"です。"運命の赤い糸"と呼ばれる"縁"かも知れません。
　　"運命の赤い糸"で結ばれた「自分の"心"の片割れ」となる「"魂"の伴侶」に出会うためには、その"赤い糸"の結び目を気にせず、自分の「"魂"の臨むまま」に行動する事が絶対条件で必要です。
　　それは、決して自分の「"本能"の命ずるがまま」ではなく、自分の「"魂"の命ずるまま」ですので、間違えないように。他者のために生きる努力を惜しむ「人間」に、神様は「完璧なプレゼント」を用意してはいません。"魂"のすべてを捧げる覚悟ができた方々へ、『本物のプレゼント』は与えられるのです。まずは「自身の"魂"から」、始められてはいかがでしょうか。

男性女性の皆様、このような事由になっているのであしからず……、です。

②ここまで申し上げた、種や畑に関する「女性のこだわり」や「男性の心の広さ」は、『両極性の性』でした。
それから、「"魂"の結婚」の真髄とは、「男女性」共に進化が進むほど、「女性が贅沢やこだわりを捨てながら、すべてを受け入れて生きる事で己を『真理』に"浸らせて（←→）"」、また「男性がこだわりを持ち、女性を見る目（選別眼）や物事を追求する目を磨いて行き、『真理』を己に"貫き通す（↑）"」……、ここでお気づきの方がいるかも知れませんが、こういうお互いに「真逆の"性質"」が、またまた楽しい人生の"スパイス"となっています。

この＊"下心"は、女性の中にももちろんあります。
　＊女性の下心
　　前述の①を参照してください。

＊肉体だけの男女の結び付きは、この"下心"の影響です。
先程も言いましたが、この状態も必ず進化へ導かれているので、どうか安心してください。
　＊肉体だけの男女の結び付き
　　すべては、「進化への道」を辿っているだけの話ですので、この問題は非常に大切ですし、どんな段階の状態であっても、それはそれできちんと進化に向かっているので良いのです。それより、この『真理』を知ったからと言って、誰かをバカにしたり、見下すようなモノの見方や考え方をする事は、そのような自らの態度によって罰せられる覚悟が必要でしょう。
　　『真理』は、「知っている」だけではダメです。「『真理』を実践し生きる事」で、その「教えを与えられた責任」を果たして行くのです。

ここで言う「"魂"年齢」は、この世の「肉体年齢」とは全く違います。
何事にも個人差がありますが、傾向としては、男女共に"性"に関する部分は、"年齢"と共に減少していくモノなのでしょうか？

2007.03.10　12:21

（3）四次元の"心"

さてここで、「四次元」の音階＝"ファ"の音の調べを、文字で表していきましょう。

"ファ"は、"フ（fu）"という音の響きと、"ァ（a）"という小さな音の響きが重なり合った"音色（ねいろ）"ですね。この"ファ"は、正に"ファンファーレ"が鳴り響いて「現実」を作り出した、「真（しん）の像」の現れ出た音、……それが＊"心臓"の鼓動です。

　　＊心臓の鼓動
　　③「フ＋ァ」＝「ファ」……と言う音の響きは、正しく生命体の"創造された音"です。この「音霊に関する響きの説明」は、後述する『言霊50音』で、かなり詳しく、一文字ずつの音の響きについて言及しますので、ここではほんのさわり程度の説明にします。
　　「フ」は、五臓六腑の「腑」から、「お腹の中」をイメージしてください。そして「ア」は、五次元から上へ上昇する音の響きです。それが、この小さく発音させる「ァ」の持つ意味は……お腹の中から力を込めて、「さぁ、これから世に出て、"俺"として、"私"として、一人ひとりの（個＝我）"人生"を経験しよう！」と、決めて来た「小さな決意」を胸に秘めた"音霊"、これが"ファ"の響きに込められた意図です。

　上記に長々申し上げたメッセージは、"私"の"心"に響いて来た「音霊」です。
　このように、「音霊」の意図や意味には、様々なバリエーションがありますので、一つに決めつける考え方は危険です。
　皆様、どうぞこの"私"と、これからも広い意味での「音霊」探しを、ご一緒に色々考えてイキませんか？

何やら、＊"わけのわからぬ世界"を想像する事は難しいですか？
　　＊わけのわからぬ世界を想像する
　　"私"は、皆様からのご質問を受けてみて、初めて『色んな問題』に関して、遠く天界へと「思（おも）い」を馳せます。"私"達の世界（宇宙）では、全てが必然であり当然であるので、何も疑問に思いませんが、皆様とお勉強していると、皆様の考え方の無理さ・無情さに"私"の理解が及ばない事が多々あります。

皆様からしても、"私"達の世界の有理さ・有情さに、これまた理解が及ばない事ばかりの様です。その「障壁」を埋めるべくこのような難解な解説に挑んでいる"私"は、自分の非力さに胸を苛まれます。まだまだ弱音は吐いていられないので、先を急ぎたいと思います。

『チャクラ』は、先程「大きく7つの階層に分かれている」と、言いました。
その中で、一番強く響く"心"と代表されるのが、ここ4階の『チャクラ』です。
ドッキリしたり、ドキドキしたり、ジーンと来たり、ハラハラしたり、チクッと来たり……。私達は、日常この4階の『チャクラ』で、"感情"という"波"を、とても強く"意識"したり、感動させられていますね。

その大きな"感動"を受ける、「胸のチャクラ」の＊♯の"面"が感じる"波の調べ"とは、どのようなモノでしょうか？
　　＊♯の面が感じる波の調べ
　「♯」……すべての明るい面の"心"が送信・受信する"波の調べ"は、そのフロアでの活気ある元気な"光"の波長です。その"光"の波長は、宝石のように光る極めて小さな霊的石の光源を一人ひとりの霊体が与えられ、「明るく考える力や明るく思う力」によって、強く放射するエネルギーを発散させています。

その"波の調べ"が代表する"感情"は、『安らぎの心』……。
「胸のチャクラ」の♯の部屋は、「"心安らいでいる空気"の振動を受信し、また、自ら発信させる"面"」です。

そして、＊『信じられる』「考え方」は、正に、この『安心』へと導くための「動力」です。

だからと言って、誰しもが同じ状況で『信じる』事ができ、その"心"が、『安心』を得られるか？……それは、皆様がご承知の通り、決してそうではありません。
「人」それぞれの"価値観"や"思い"や"考え方"が、その『安心』を「受信、送信」しているはずです。

　　＊信じる能力
　　ここでは、『安心』を得るために必要な「物事の見方」の代表が『信じる力』だと述べました。他にも、『安心』を得るための「考え方」は、たくさんあるかと思います。
　　余談ですが、「宇宙について」や「カルマ」や「他者のために、このように○○して生きる」等々というフレーズを耳にするたびに、「どこの宗教ですか？」と、いぶかしがられるので、"私"が描く「＊宗教の定義」を、ここで紹介したいと思います。

　＊宗教の定義
　　本来の「宗教」と呼ばれるモノが、誰もが納得できる「物事の道理の見方」を教わる事だとして、また、万人がそこから人生の深さを学び、「お互いの幸せ感」を"道理の見方"から受け入れられるように指導されなければ、「それを教わる事」に何の意味や価値が見出せるのでしょうか？"高次元の意識体"に同調できる者達が、この地上へと「言霊を降ろした」事が、宗教の発端でしょう。
　　その「発端を信じる事が"宗教の定義"」のように思われますが、こういう何も考えずに受け入れる状態が一番危険だったのではないでしょうか。ただ、闇雲に「"スゴい霊"を観得る誰かが、"スゴい霊"の言葉が聞こえる誰かが言ったから……だから信じよう！」と、その程度の信心であれば、信じない方が賢い選択なのではないでしょうか。"私"が想い描く本物の「宗教」とは、「『智慧』の教えから真(まこと)の道を歩く事」。
　　これは、「『智慧』をいただいた者が、「真理」を覚り、己のためにも、他者のためにも生きられる」という『互助の教え』ですので、「信じるか、信じないか」の問題ではありません。その問題とは、「理解できるか、できないか」だけの話です。最初から申し上げている通り、まだまだ進化の初歩の道を歩き始めたばかりの「人間」では、"理解する事"は愚か「聞く耳も、持っていない（育っていない）」段階の人達が、この世にはたくさんいます。それが、「人生の体験」を幾つか味わい、己の手で掴み、学んだ「精神的事実」を持って

いたならば、自ずと「そこに法則がある事」をただ"発見する"だけです。しかし、その法則の通る道筋が、よく見えない（分からない）から、学ぶのです。「何を学ぶのか？」それが、『真理』を説く「言霊」からです。『真理』は「まことのみち」と読み、その「まことのみち」が見えるようなら、誰かに教えを請う必要は全く無いのです。ただ、その必要が無くなるまでの時間が、悠久の時を要するだけです。

結論としては、「『宗教』は信じるモノではなく、その道理が分かるか、分からないかだけ」です。ですから、こんなモノは「趣味の一環」として、面白く実践するべき"ジャンル"としての一つの方法です。真面目腐って他者に押し付けるような「学問」ではありません。人間性が発達すればするほど、このような『哲学』へと導かれ、ハマって行くだけです。『真理』を面白く思えないウチは、やらなくて良いのです。

……少し、乱暴過ぎたでしょうか。

『真理』が通る"道"＝「中道」は、巻頭カラー図１、２の通り、誰の身体にも流れる「話の筋がキレイに通る"道"」なので、その場に居て聞いているだけでも、随分と「中道」内の汚れ（＝「自分勝手で我がままな"考え方"」）が掃除されてしまいます。

ですが、その聞いた『真理』を、これまたすぐ忘れてしまうのも人間の悲しい習性なので、絶えず『智慧』を行う努力を『修行』と呼び、それが楽しくマニアとなった人達は、ついつい精を出して他者を巻き込んで、「一緒にやろう」としてしまうものです。これも、また一つの習性です。

また、『お経』に関しても、お経の内容の意味も、その心（真髄）も分からず、ただ唱えているだけでは、その場に『幽霊』を呼び寄せるだけです。そのせいで『邪霊』をたくさん呼び寄せて、知らずに不運を招いている方々も大勢いらっしゃいます。

この『お経』は、これこそ「信念」が一番大事な「心掛け」ですので、「信念」のある方々に不運は行かないものと思われます。知らず知らずに"恐怖"が度を越すと、余計な「物の怪」をおびき寄せ、身体に"邪気"を呼び込む"渦巻き"を作り、その"邪気"を餌とする、寄って来た者達に取り囲まれてしまいます。

このような方ほど、"私"の申し上げる『真理』を、よぉく学ばれた方が賢明だと思います。

また、「お経の教え」の深さを理解できるためには、"魂"の成長が不可欠です。

では、その反対、＊♭４階の"面"では、何を「受信＆送信」するのでしょうか？
当然ですが、♯の真逆にあるわけですから、『不安』を感知し、発散します。
『不安』＝フ・ァ・ン……とは、この小さな「ァ」の後に「ン」と発する"重り"が付き、"落ちていく方向性"を示しています。

 ＊♭４階の面では、何を受信＆送信するか
 「♭」……すべての"面"のフラットな"心"が送信・受信する"波の調べ"は、その前フロア面の"光"で活気ある波長と比べ、重い"色"の波長です。また、「ん」と発音するこの言霊は、前に掛かる音（「○ん」の前○の部分）を下げます（「↘」）が、次に来る音「ん○」の後ろ○に当たる"音"を上げる「↗」作用も果たします。まるで、"スプリング"のような"文字（↘↗）"の"音"が、この「ん」ですね。このように、物事には必ず相対する「反対の"面"が存在する」事を、どうか忘れないで考慮してください。

♯４階が、『安心』という「穏やかな"光"」＝"ふぁー"を発信し、♭４階は、＊『不安』という"雲（煙）"を"モクモク"と発散しています。

 ＊不安＝雲（煙）
 『安心』という「穏やかな"光"」……これは、難しい「"気"の世界」のお話の中でも、簡単に想像できる表現かも知れませんが、この『不安』が皆様のオーラに溶ける時、白や灰色、黒などの無彩色からできた「粉」＝"雲"を作り出しています。これを『念』と呼んで、"光"と区別しています。
 日本のマンガの表現は、至極当然の描写が多いので、"私"も参考になります。また、『不安』の音霊の響きは、「腑っ」と"小さなため息"をつき、小さく「ぁ↑」と天を仰いで、下を向き、「ん……」と口をつぐむ。その一連の仕草を、「不安」と言い表した"言霊"ですね。

どちらがお好みですか？
意外にも、皆様は、「安心か心配、または、どちらでもない（＝または、どちらでもある）」という三つの"波の調べ"を、日常いつも、＊受信・送信しています。

その"事実"に「気付いていようが、いまいが」です。
　　＊受信・送信
　　　「オーラ」に関しては、身体の周りが、"光"っているモノを「オーラ」と呼んで、光っていない場合は「オーラ」だと思っていらっしゃらない方々がいますが、身体にくっ付いている周囲の空気は、その人の性格によって受信・送信（「換気扇と扇風機」の機能）しているモノなので、"光"輝いていなくても「オーラ」です。
　　　この、時と場合によっては、他者にとって迷惑な感じのする"オーラ"（＝黒雲など）も、本人の考え方を変えられたらば、意図的に色んなモノへと変化させる事が簡単にできます。"私"の自分史の中でも、この「空気＝オーラ」の話が例をあげて載っています。

この"音色の調べ"からも、たくさんの霊的意識＝"念"というモノを作り出しています。
「そう言われてみれば……？」そうです、皆様。「音楽」など、様々な『音』から、頭の中の"映像"が浮かんでは消えたりしませんか？

2007.03.12　12:09
（4）何を発信？　何を受信？
さて、先程から「"送信と受信"をしている」と言って来ましたが、
＊一体、何を発信し、受信しているのでしょうか？
　　＊一体、何を発信し、受信しているのでしょうか？
　　　「観得ない」と思われている『音』という"物質"から、すべての五感へと、「発（送）信・受信」をしています。

それは、発信・受信する、"階層"によって異なって来る"気"なのですが、ここ＊♯四次元が発信（送信）する"気"のビジョン化は、緑色の"光"です。
　　＊♯四次元が発信（送信）する"気"のビジョン化
　　　♯四次元とは、反対の"色"＝『念』です。

『虹』のグラデーションとなる「色調・音階・味覚」は、次の各次元と同調しています。

《⑫ ch ある識別感覚》

《⑫ ch》	《次元》	《色調》	《音階》	《味覚》
⑫	七次元	「紫」	シ	渋味
⑪	六次元♯	「群青」	ラ♯	＊？
⑩	六次元	「紺」	ラ	塩味
⑨	五次元♯	「青」	ソ♯	＊？
⑧	五次元	「緑青」	ソ	薄荷
⑦	四次元♯	「緑」	ファ♯	＊？
⑥	四次元	「黄緑」	ファ	苦味

——「肉体と精神体を断絶した壁」……『横隔膜』——

《⑫ ch》	《次元》	《色調》	《音階》	《味覚》
⑤	三次元	「黄色」	ミ	酸味
④	三次元♭	「黄橙」	ミ♭	甘酸
③	二次元	「橙」	レ	甘味
②	二次元♭	「赤橙」	レ♭	甘辛
①	一次元	「赤」	ド	辛味

※本書巻頭カラー図１「７つのチャクラ」、図２「チャクラ 12 ch」を参照して、上記を当てはめてみてください。

チャクラの各７層は、「音階」で示すとわかりやすいのでは？　と思いますが、上下"面"と表"面"、裏"面"を合わせて全部で 12 "面"あります。

さらに、"波の調べ"には、色調同士の中間にも配色される「橙赤」や「緑黄」等々が多数あるはずで、他にも＊味覚の中間に、「甘酸っぱい」や「甘辛」等々の、まだまだ適当な「言葉」がそれぞれにあるでしょう。

このように、"波の調べ"には、様々なバリエーションが「単語」として存在しているはずなので、あくまでも参考程度の内容ですが、前

記のような"識別感覚"を私達各自が、能力として持っているようです。

 ＊味覚の欄の「？」
  「苦味と薄荷」、「薄荷と塩味」、「塩味と渋味」の間にある味名が判らなかったので、ここでは"？"とさせていただきました。皆様、どうか良きアドバイスをお願いします。

四次元＊♯の明るい部屋＝"ハートのチャクラ"から出て来る"気"は、"緑色の光"です。
……余談ですが、信号機の「青」と呼ばれる色は、やはりこの"緑色の光"『安心』のエネルギーを発光していますね。

 ＊「♯＆♭」の部屋の差
  記号の意味通り、「♯」は半音上がって"明るい感じ"になり、「♭」は半音下がって"暗い感じ"になります。
  本書巻頭カラー図2「チャクラ12ch」をご参照ください。左前が、♯の"面"です。「♯は、己の"心"を開いて→"光"へ向かい→生きて行くための自立の"エネルギー"」が放射される考え方をする傾向が見られます。反対側の♭の"面"の場合には、「♭は、己の"心"を閉じて→他者に対する文句や甘えの念」を放出し、"汚れ"（これを吸わされる他者には迷惑となりますが、本人は全く気付きません）を出しては他者に頼ろうとする傾向が見られます。また、♯…明るい前向きな気持ちで生きる人達は、「自分で考え、自らの発想で行動」していますが、♭…重い思いの気持ちで生きる人達は「いつも誰かの後押しがないと"不安"」です。だから余計に他力本願に陥りがちとなり、誰かに都合良く騙されてしまいがちです。占いや宗教や何かのグッズなどにのめり込む人達の場合、往々にこのような考え方で過越しています。

では、「＊4階"♭"から出るエネルギーは？」というと、心配する煙＝"雲"（灰色）です。"光"も、"雲"も、すべてエネルギーで"気"の一種です。

 ＊4階♭
  実は、心臓に位置する四次元のチャクラ"♭"の扉が、"異次元エネルギー体"との「出入り口」になっています。ここは、「同調する」という"条件"

が必要ですが、基本的には『自動ドア』でして、誰でもが出入り自由です。その際、あくまでも「同調する他者」が存在する訳ですが、「同調される本人」の意識上では全く気付けません。急激な趣味趣向の変化、人格の著しい変化が表れているお方の場合は、波動が下がったための「他者の侵入」と考えられますが、これすらも、自分で波動をbに落とす原因を作っていると思われますので、自分自身の気持ちの持ち方が一番肝心です。このような場合、「元気を取り戻す事」が早急に必要ですが、大抵は「守護する天使」が皆様を常にサポートしていますので、時に落ち込んでも「比較的すぐ立ち直らせるエネルギー」も、彼ら彼女らからもらっています。その「守護天使」達は、まだまだ多くの皆様には知られていない存在ですが、とてもありがたい存在です。しかし、落ち込む期間が長くなると、守護する天使もダメージを受け、しっかりサポート出来なくなります。

「霊的な存在」は、大概嫌がられる場合が多いのですが、このような「守護天使」への理解が得られたら、決して「嫌な存在ではない」と、誰もが思うはずです。皆様、あなたの「守護天使」を、どうぞ認識してあげてください。そして、彼、彼女らにエールを送ってあげられたら、きっとあなたも元気をとり戻せるでしょう。

2007. 03. 10　14：45
（５）『＊魂』の定義

さて、ようやくこの章の題目、『"魂"の住む場所』へとやって参りました。
皆様は、"魂"を一言で例えるならば、何と例えるのでしょうか？
それを、"私"が皆様に「先に」お聞きしたいのですが、「先に」進みます。

"魂"とは、"私達"という「個的な存在」＝宇宙の中の一部、または神の一部を『記録し、映し出した"透明な玉石（水晶）"』です。
神の意識から生み出された分子なる「玉」に、"意"＆"志"がくっ付いた響き……それが、"た・ま・し・い（魂）"。厳密に言えば、"意"とは「神の表現」の事で、"志"とは「私達の向かう方向」、または「私達自身」という存在の表現ですので、先に"志"が来て、後に

"意"がついたのでしょう。

＊魂

前記の"意"や"志"に関しては、『第２章　宇宙の成り立ち』で、くわしく皆様にご説明しましたので、割愛させていただきます。

さて、"魂"と言う文字は、「云（う）鬼」と書きます。

大抵の方々は、「自分は誰も殺さない」と思っていらっしゃるようですが、最近のニュースでは、夫婦、親子、兄弟、また見知らぬ者司士の殺し合いが頻繁に聞こえています。この「殺人」という行いは、"鬼"の為せる業ではないでしょうか？

という事で、究極の自分勝手で我がままな行為が「殺人」です。それを「自分の欲望のために」平気で出来る精神の方々は、"鬼"と呼んでも良いのではないでしょうか。"魂"とは「自分は"鬼の行い"を通して成長して来た人間」と、"悟った霊"を指している言葉でしょう。

逆から言えば、自分が"鬼"の行為をしないと思い込んでいる"魂"ほど、子供の頃の行いを忘れてしまった"魂"だと自己紹介している…とも受け取れます。「人間」は、失敗し傷付いてから気付きを与えられて、成長進化する生き物なのですから、幾つもの"失敗"はして良いのです。いずれは大きな"成長"が待っているのですから……。かと言って、殺人を擁護するつもりはありません。誰しもが「戦国時代を生きた」かも知れない……と述べたまでです。

しかし、"私"のこれらの話は、この"鬼"化している「人間」には通用しない話かも知れません。

この"魂"の機能は、「私達一人ひとりの"すべて"」を、一人ずつが"記録"している装置でもあります。

CDやテープレコーダーのカセットテープ、DVD、ビデオテープ、MD、レコード、または日記など、そのような記録する媒体です。

そして、コンピューターのハードディスク部分に例えられるような、「大きな記録媒体的存在」が、死後の"あなた"を待っていてくれる「大霊」と呼ばれる存在で、とても大きな"魂"＝あなたの星（故郷）です。

その大きな"魂"の一分派として別れた「小さな"魂"」が、私達一

人ひとりの胸（4階）のチャクラに住んでいるのです。
皆様が、日常において*「常に三つの選択をしている"心"」に住んでいるのが、"魂"という私達の「主(あるじ)」なのです。

*常に三つの選択をしている心に住んでいるのが、"魂"という私達の「主」
先程、四次元の"心"で【「安心 or 心配、または、どちらでもない＝または、どちらでもある」という、三つの"波の調べ"を、日常のいつも、受信・送信している……】と述べましたが、これら三つの選択は、"魂"が記憶する「人間に生まれる前世界から決めて来た計画の記録」に基づき、選択されています。多分、本人は、無意識にその行動をさせられていると思われますが、より「志の強い意識」を持って生まれたお方の場合は、"魂"の記憶に忠実な行動を余儀なくさせられるケースが多く見られます。しかし、まだ"魂"が幼い場合は、得てして"魂"の意図する計画に逆らう様な行動が見受けられ、さらにそれよりも小さな"魂"の場合、その"魂"はこの世で「気持ちよく熟睡している」場合も多々あります。そうである場合は、「動物的習性から来る行動」や、もしくは「人間の本性から来る行動」へと向かいます。
これも、サガの働きです。……幾つもの間違いを繰り返し、やがて大きく成長した「人」は、たくさんの学びを得ています。それまでは、ほとんど気付かず、無意識的な行動が多いのが「人間の実情」です。
皆様も、自分で「気付いた事」よりは、「気付けない事柄」の方が断然多いのです。これらの事実をより多く知り得ると、人は自ずと『謙虚』に振る舞えるようになります。しかし、この『謙虚さ』とは、「自分の存在を"小さい"と覚(さと)る事」から出て来る"意識"ですので、ただの"謙遜"や"卑下"している人達が「『謙虚』に振る舞っているつもり」の場合の多い事と言ったら……。その「臭い演技」には興(きょう)ざめします。そろそろ皆様に、ハッキリ気付いていただきたいと思います。

波瀾万丈な『人生』と、平穏無事な『人生』とを、比べるつもりはさらさらありません。
ただ、私達の「*"心"の仕組み」は、このような『人生』に対しての"バランス感覚"を養う努力が、非常に大切だという事です。

*心の仕組み
p32であらわした《⑫ch ある識別"感覚"》…ここに"感覚"とありますが、皆様の「"意識"が、今居る場所」を指して言っています。喜怒哀楽の激しい

お方は、この感覚＝"意識の居場所"の変化が著しいのです。逆に感情表現が、普段から少ない方々は、四次元下階の「♭の部屋」にいる場合が多くあります。
「♭の部屋」は、空気が活発に動かず、澱(よど)みます。また、その「♭の部屋」は、"光り"とは逆の落ち着き感があり、馴(な)れるとあまり動きたくなくなります。このような方々に、元気で明るい人達が近寄ると途端に煙たがられます。「♭の部屋」で落ち着くと、掃除しなくなった部屋に住む事と同じで、明るい人がその部屋に入って来るだけで、今まで落ち着いていた埃(ほこり)や塵(ちり)が煙の如く空中を舞い上がるからです。自分自身が出した煙で、相手を嫌うのです。同じ次元（同フロア）の♯者と♭者の関係は、お互いに、より反発心を示します。ですが、♯同士で有れば、次元は違っていても、互いに肯定的に受け入れます。これは、不思議とどなたも同じ傾向を見せます。「性格」が明るいか、暗いかを気にする発言をよく耳にしますが、これは、同じフロアに住む当人同士がお互いに仲良くできるか、できないかの問題だけです。それを解決する鍵は、両者共の気持ちをお互いが知る事です。"心"の仕組みでは、「同じ気持ち」が理解仕合えれば、自ずと誰もが同調できて「仕合せ（＝幸せ）」です。
どんな他者の気持ちまでも理解できる能力……。これが『器』を大きく作り変えます。私達は独りでは生きられません。お互いに支え合う事を始めるには、一人ひとりの気持ちを理解できる『器』作り＝『人格』を作る事が誰にとっても大切な事です。そのために、「人生経験が必要」となるだけです。

2007.03.12　15:00
（6）『＊念』の定義

では、ここでの最後に、先程「四次元の心」の項目で、次のように記した、〔この"音色の調べ"が、たくさんの霊的意識＝"念"というモノを作り出しています〕……、この『念』の定義についてお話し致します。

『念』とは、読んで"字"の如し、「今」の「心」と記します。「今」という＊瞬感(しゅんかん)「思う強い"心"」、そのモノの"エネルギー"＝「気」の事です。

　＊念①
　　この『念』を直訳しますと、光分子より質量の重い"色"の付いた「重力エ

37

ネルギー」で、『思い』の事です。その"色"の正体は、"欲"や"願望"です。"欲"や"願望"は、"色"の付いた『思い』のせいで、「濁った空気」になり、また引力や同調もこの三次元の世の中ではより力が増します。『念』を出している本人よりも、周囲の人達の方が、ずっと良くその『念』を感じ取ります。

『念』が、その場にいる人々と同調してしまえば、人々はその『念』に全く気付かなくなります。また、どんな汚れた"気"を出していても、体臭と同じで、本人は"気"になりません。そのような性質なので、「嫌い」と感じた方々には、余計に厄介なモノです。

*念②

埃・塵・泥・脂（油）・針・矢・刀……等々、ありとあらゆる物質を、目に見えない波動で、ご本人も気付かないうちに瞬時に作り出しています。そして、相手に覆い被せたり、浴びせたり、投げたり、切ったり、ぶつけたり、塗ったりしています。これらの『念』行動も、早く皆様が気付き、学べる日が来ると、二酸化炭素問題以上に「地球浄化の為」として効果テキメンです。

*瞬感

一般的な漢字では「瞬間」ですが、ここでは「瞬時に感じる」……という意味合いで「瞬感」と記しました。

私達は、日常絶えず、「心」で"何かを思って"生活しています。
楽しい出来事を味わえば「楽しい光」を発信（放射）し、苦しい事態に陥れば「苦しい」雲を発信（発散）します。また、他者が「楽しく」していれば、その"光"を吸い込んで、ご自身も「楽しく」なれる、そんな人もいれば、逆にその"光"を拒み、「悔しく」なる人もいる……。

*念の仕組み①

「感情」には、様々な"種類"がありますが、その「感情」に応じて作り出された空気、それらの中で"光"ではない霊的物質、それが『念』です。「感情」の中には、他者が喜ぶ「感情」と、他者が嫌がる「感情」があります。また、他者からは嫌がられても、本人にとっては"好き"な「感情」も有れば、他者に喜ばれても自分自身にとっては嫌な「感情」もあります。人間は、ほとんどが皆我がままで、「与えるモノには"見返り"を欲しがります」が、この"見返り"が、「相手に"甘え"て欲しい」というような『念』の場合も

あります。
　また、『念』で嫌われる種類は、主に色の付いた"粘性"を持つモノや同じく色の付いた極端に重いモノ、臭いモノ、チクチクやチリチリとする痛いモノなどが上げられます。それら「感情」の"波"の性質上、必ず『念』なる『産物』は作り出され続けています。

これらに関しては、よく個人的な「性格」によって語られていますが、本当のところは、当人のいる次元＝各階の部屋の"意識"に左右されています。
それと同時に、「同調の部屋」に居るか（＝好きか）、「反発の部屋」に居るか（＝嫌いか）、こちらも深く関係しています。この「同調と反発」に関しては、次々章の「物質界＝三次元」で詳しく説明します。

　＊念の仕組み②
　　確かに、「感情的な反応」は、ご本人の"性格"が左右します。
　　しかし、その「"性格"自体が、12チャンネル各次元の"♯ or ♭の意識"に左右されている」のです。基本的には、「同じチャンネル同士」は、お互いの気持ちや考え方は良く理解し合えます。ですが、同階でも、♯の部屋に居る相手と♭に居る相手とでは、その時々にもよりますが、「元気さ」の度合が違います。もちろん、その「元気さ」の度合が強い者ほど「強気」ですし、「元気さ」が弱い者ほど、強気な方に振り回されます。すると、「弱気」な相手から出て来るモノが、『愚痴』となる「汚れ」です。この『愚痴』は、「こぼす」と表現するように、ご飯のように口からボロボロとこぼれ落ちます。それを感じられる方々から、「『愚痴』は、汚いモノ」という認識が生まれたのでしょう。ご本人から出される汚物なので、出せば「楽」になりますが、その「汚れ」を聞かされ、（『愚痴』は"空気"なので）吸わされた方には、"忍耐"や"思いやり"という『愛』（＝浄化するエネルギー）が必要です。しかし、時に『愚痴』を楽しんでくれる人達もいますので、そのような「仲間内でのストレス発散」も、時には楽しく過越せる方法かと思われます。『愚痴』は、通常モクモクとした"黒煙（黒雲）"のような『念』で現れます。画匠ピカソは、「女性同士特有の会話、愚痴の言い合い」を、"黒煙"を描き込んだ連作画で残しています。

本来、私達全員に存在する「心」は、皆様が一様に"同じモノ"を

持って生まれて来ています。その「心」は、霊的な「海」（皆様が"空気だ"と思っている）で繋がっています。

それぞれの「心」が感じる、心の出入口となっている同じ"面"へ、相手からの波が来た時、あなたの「心の中」にまで浸透し、同じ気持ちの"波に乗れるか否か"は、「"あなた"自身の『意識』によって、変えられる」という*「連鎖の波」の中に、私達自身がそれぞれ泳いでいるか、それとも泳げないでいるかどうかにより左右されています。これが、私達の霊的意識から見た"実態"です。

*「連鎖の波」の中
ここでの「連鎖」とは、「同調する私達の"意識"」の事です。この「連鎖の波」は、もちろん霊界と繋がる「霊的な波」です。

例えば、"あなた"から見えている「100m 先の海の波」は、今いる場所で泳いでいる「海の波」とは、"波の形"が違うかも知れません。しかし、"あなた"が次に気付いた瞬間は、先程比べていた、その「100m 先」地点に来ているかも知れないのです。今、自分自身が泳いでいる「波の形」は、泳いでいる最中では、特に「何となく"大きい波"、または"小さい波"」くらいでしか判断できません。が、その「波の形」を"あなた"が意識した時、先程の波とは異なる細かな"違い"が判断出来るかも知れないのです。その時「分かる」事は、"違い"だけでなく、"同じ"だったのかも知れません。それさえも「同じ時の中」で判断するよりも、「時間」という"距離"を置いて観察してから判断した方が、「現実」をより鋭く指摘できます。それゆえ「反省する事」、省みる事は、より大切な「己を磨く習慣」となります。

「死後の世界」とは、その「判断」をより詳しく私達自身に教えてくれる「時間差のある世界」です。一人ひとりにとって「大切な一生」を、何事にも「冷静さを失った状態」で溺れないように（死なない事を気にして）して生きているよりかは、"今"の自分自身を俯瞰（…少し離れて自分自身を客観視する）しながら泳ぐ方が、この世をより楽にして行きます。

今"あなた"は、「どこの次元にいるのか？」……。
「"7階までのエレベーター"があり、"12種の扉"がある」と、そうイメージしてみてください。この各階の"扉"が、もし、部屋の中が見える透明な"窓"であれば、"あなた"の"心"の様子も、皆様が

ら分かりやすくなるでしょう。

しかし、多くの方々の"心"は、未だ頑丈な「扉」であったり、固い「壁」であります。そして、なかなかお互いの部屋の中の様子がわからない。それが不思議に、とある階に上ると、お互いに透明な状態になり、良く理解し合えるのです。

その不思議な「とある階」が、大事な"魂"の住む、この「*4階」にあるのです。

> *4階
> ここ「4階」は、"魂"も住まうフロア（広間）なので、お互いの"心の声"が大きく反響し合います。ゆえに、"あなた"が晴れた心でいたならば、相手の心の声もよく聞こえ、それゆえ、嬉しくなったり心配したりと、"心"が忙しく動かされる場所となります。曇っていれば、相手の"心"は良く見えません。地球を俯瞰（ふかん）して見れば良くわかる事ですが、"心"の環境も、地球の気象状況と全く同じ様相が観得（みえ）ます。なので、"意識"がここ四次元に住む者同士ですと、心の中から打ち解け合った「安心した仲間意識」を得られます。「親友」とは、ここで感じ合える者達の事でしょう。

だからと言って、皆様の【意識】は、いつも「4階」に住んで居られるわけではありません。何故なら、"あなた"の意識に常に影響を与えている*"感情"という"波の調べ"のお陰で、つい"揺れて、揺られてしまう"からです。

> *感情という波の調べのお陰で、つい揺れて、揺られてしまう
> ここまでのお話で、"感情"に「波」がある事に異存はないと思いますが、まだ「小さな"魂"」の私達にその「感情の波」は、時として、大波や津波のレベルで、大切な"意識"まで一瞬にして飲み込まれ、流されてしまう場合もあります。この時"あなた"が、常日頃から支え合う周囲の皆様としっかりした「信頼関係」を築いて居られたら、短時間で発見に至り、修復できるかも知れません。ですが、そうでない場合「すっかり違う自分」に、なかなか立ち直れなくなる場合もあります。
> 常時、自分自身の"魂"に試されている「試練」が、すべての「人間」に与えられている事を理解できれば、自ずと「人間関係の大切さ」にも気付いていきます。

第5章　キリスト意識＝
　　　　　＊アスタリスク（六次元）からの使命
釈迦・イエスの来た故郷です

2007. 03. 16　22：55
（1）『＊彼岸』と呼ばれる世界
私達の「死後」、渡ると言われる「三"途"の川」……。
"途"とは、"旅路"や"道"という意味です。「三つの旅路」の果てで出会した、目前に広がる大きな"川"。その川の向こうにある場所が、仏教用語で『彼岸』と呼ばれる大きな世界です。
「死後」も存在する「六次元の世界」を、『彼岸』と呼びます。
　＊彼岸
　　"光"輝く「智慧の世界」です。この解説書では、『欲』を"色"と表現していますが、この"色"の精神状態では『彼岸』へは上れません。"色"の波動は鈍調で重く、拡散せずに固定し、動きが止まる性質を持っています。一方、六次元の『彼岸』とは"光"の世界で、粒子が高速回転し、固定されず発散し、絶えず循環が行われています。そこに住む皆は、"光"輝いて居ます。
　　また、その光で輝いた状態は、一瞬の内に「現在・過去・未来」などのあらゆる状況も、透明で観透せる世界です。心根に手荷物は何も持たず、常時"オープン・マインド"で正直で利他（利己の真逆）な世界です。

では、「＊三つの旅路」を、霊的な空気と言葉で解釈してみましょう。
私達の「肉体」は、「三次元」の波動に同調した「物質」です。そして、「三次元」で生きていた「顕在意識」という"意識"も、同時に持っていました。
その"意識"を持った体（「意識体」＝霊体）が、「肉体」（三次元の波動の世界）から抜けて旅立ち、「四次元」、「五次元」と進んで逝ったその先に出会す"川"を越えた世界、それが「六次元」、『彼岸』と言われる世界です。

「"三途の川"を渡る時、"六文銭"が必要だ」と言われています。これも、「"六"と呼ばれる次元へ、めぐって入るご縁（円）……それには、"誰かの手助け"が必要」という比喩です。

　＊三つの旅路

　私達の生活の場「三次元」から『彼岸』の「六次元」までに存在する"三つの旅路"とは、「三つの違う次元の『波動』を乗り越える旅だ」という意味です。「一次元」の意識体として亡くなった者の場合は、「四次元」＝魂の場所までが"三つの旅路"となります。しかし、一から三までの次元は、霊界から観れば"地獄"とひとくくりで呼ばれ得る「狭い世界」なので、一次元から出発した者にとっては、三次元から旅立つ者より、成仏への道のりが少し長いだけ……のお話です。

　『波動』の違いとは、"波形"の違いだけではありません。「一つ一つの粒子やその光沢」というような言葉では表現し難い、異質な"意識"が存在しています。この「波動の異質性」は、「思い」の"汚れ"の差異です。この質の異なる"汚れ"た「思い」の『波動』を、旅の途中に出合うそれぞれの川で、その都度湧いて来る「思い」を洗い流しながら、その度毎にどんどん「思い」を浄化しながら『波動』を軽くして歩いて逝く……、それが「三途の川」までの作業です。

　そして「成仏する」とは、汚れた浮き世の垢を、大きな欲から小さな欲まで、それぞれの「川」で洗い流し、元々の霊体＝クリアな"光"の状態へと戻す『道程』の事です。また、クリアな"光"に近付くためには、欲や我を手放す事が必要です。「人間」として生きた者が、その欲や我を手放す作業は、"あなた"一人では決して出来ません。誰かの手引きが必ず必要です。それが、あなたの守護天使であり、守護霊であります。そのために、他者と手を繋いで生きる事を大切に、ご縁を大切にする生き方（逝き方）を、霊界は努めて教え導いているのです。

　また、我欲を手放した先にある姿こそ、真の"仏"の姿です。この"仏"とは、読んで字の如し「人」が「ム」になると、皆様知っている事ですね。ですので、個人の『波動』の汚れを落とし、回転速度を上げて光に向かう旅が「成仏への道」というわけです。『即身成仏』とは、正に「生きながら欲や我を手放し、このようなクリアな"光"に近付く」という、大変に難しい修行のことを言います。

余談ですが、死んだ直後、大体の方々は死のショックで「地獄界＝一次元」にいます。そこから、「死後の世界」への"意識整理"を行います。

まずショックでいる"一次元の意識"で、チャクラの７つの階（12室）を一周します。

その日数が７日間。その作業をする事により、"一次元の意識"は次の"二次元の意識"に上ります。

その"二次元の意識"で、先程と同様一周、７日間。この要領で＊すべての次元の"意識調整"巡りに、有名な"＊四十九日"間が必要なのです。

　　＊すべての次元の意識調整巡り
　　　上記の内容表現では、実際に１～７階までの"12部屋の扉"をノックして巡回するような感じがしてしまいますが、人生初？の強烈な死のショック直後に上への階段を昇れるほど、死と対面した"心"は強くありません。突発的な出来事や事故、事件などで死んだ場合、一次元に落ち入ったショック状態の私達の"意識"は、１階において７階までのフロア分の"スペース"（この"スペース"とは、"時間"）に、またはそれ以上留まって過越します。これを「初七日」と称し、他の日数と区別して、この世に残された者達が、先に逝く者を勇気づけながら見送る事も、生前のご恩へ報いるために与えられたとても重要な時間です。

　　＊四十九日
　　　『死』とは、何らかの衝撃が加わり、それまで一体となっていた"心霊"と"身体"が、その衝撃により『剥がされた』事を表す単語です。死後の世界へ旅立つ、「成仏を決心するまでの"心"の準備期間」として与えられた時間は、一般的な日数で７日×７階＝「四十九日」間です。
　　　この長さは、極一般的な日数です。これには非常に個人差があり、何百年も成仏を決心するまでに掛かる人（怨霊化している場合）もいれば、"光"の速度で帰る人（重度障害者のような方々）も居ます。この世を「霊的な修行の場」として、"心"と向き合いながら生きる人達の準備期間は、比較的早く旅立つ用意が整います。

その意識調整が整ってからが、やっと「天国へと向かう"旅路"」の

始まりです。
しかし、これは、上手に「成仏できる方々」の例ですので、すべての皆様が、この通り上手く逝くわけではありません。

2007.03.16　23:23
　（２）『彼岸』とは、どんな世界か
　『彼岸』とは、"彼方の岸"と書いた、「向こう岸」の事。
　『彼岸』に対して、こちらの岸は『此岸』と言います。
　では、「向こう岸」とは、どんな岸か？　というお話ですが、一言で言うならば「三次元の意識を"反転"させた世界」です。
　これでは、多くの皆様に理解し難い、複雑な「世界」を想像させてしまうのでしょうか。
　よくよく聞いて下されば、実に簡単な「世界観」なのです。
　何せ、「言葉の壁」が、たくさん立ちはだかるので、こんなふうにたくさんの文章を書き連ねてしまいました。
　めげずに、積極的に参りましょう。

　三次元の意識では、私達一人ひとりが『個』として存在しています。
　これが、六次元の意識では『個』としての存在は注目されず、私達一人ひとりが"全員"で『同じ一人』として存在します。
　この考え方は、何も難しくなく、また不思議な事でもありません。
　「天使界」や「動物魂」、「魂の世界」でも、皆が「一つの意識」で繋がっています。
　「人間界」だけが、特別なのかも知れません。

　また、『彼岸』の世界では"無私"であり、"皆有"なのです。
　後述する五次元は、芸術界で*「一人ひとりが認め合う」世界です。
　その"認め合う意識"をこのように向上させると、「みんなで一つ」

＝『和』という発想の"意識"に繋がるのです。
私達のこの感覚は、"利己的な愛"は理解されず、"利他的な愛"で全員の思考回路が回るのです。
それが、私達「アスタリスクの住人」の"特徴的な考え方"です。

> ＊一人ひとりが認め合う世界への秘訣
> 建て前上では、皆様、声を揃えて「一人ひとりが認め合う事が理想的」と賞賛されるかと思われますが、この"相手を認める"事に背中を向ける社会が「この世の現実」です。これが、数々の人種差別や社会的地位や社会的階層を作り出しては、「障害」を生んでいます。
> これが「三次元の性質」です。一人ひとりの"我"を認める勇気」が皆様にあったら、また「認め合う勇気」が一人ひとりにあったとしたら……違った「現実」が始まります。
> この"我"を、「認める勇気と手放す勇気」が、すべての方々に湧いて来たとしたら、この世がナンとも素晴らしい世界になります。

誰にも「＊ズルをする」という発想がありません。
他者が「幸せ」であれば、自分もその他者と一緒にその「幸せ」を味わうだけです。
それで「全てが"必然"」……これが「光の世界」なのです。

> ＊ズル
> 抜け駆け、秘密、騙し、策略、嘘、偽り、見栄……これらの行為は、すべて自分を飾り、偽る事で、相手や周囲から何かを得ようとする"ズルい考え方"です。これが『欲』で、"気"を汚します。これらの行為は、自分が美味しい思いをしたいために、『本能』からしてしまう行動です。この『本能』がクセ者なのです。これらに関しても、後述でさらに言及していきます。

2007.03.17　0:11

（3）アスタリスクの使命

『彼岸』が、"私"が申す「アスタリスク」で、別名＊"シリウス"と呼ばれる星です。
この星から来るメンバーは、地球上に集まる様々な成長段階である次

元の"魂"を、『彼岸』の意識へと成長を導く仕事を各々がそれぞれでしています。

『霊格』、つまりは"魂の器"も大きく育っているので、いわば皆様の「お兄さん」「お姉さん」的な存在ではないでしょうか？

いやいや、「おじいさん」「おばあさん」ほどの"魂"年齢かも知れません。

　＊シリウス星
　　"私"は、自分の来た星の名前を、「この世でどう呼ばれているのか」知りませんでした。それだけではありません、自分自身の過去の"名前"も、元居た世界の何もかもの"名前"も知りませんでした。
　　「知らない」というよりは「忘れた。名前なんてどうでも良い」と表現した方が的確です。私達の世界は「波動で語り合う世界」なので、物質的な単語＝「名前」でお互いを認識していません。低次元に成ればなる程、「名前」という"ネームバリュー"が必要なようですが、高次元で「名前」は、なんの証明にもなりませんし、「そんなモノ」程度の認識でしかありません。『波動』は、それくらいすべてを物語り、雄弁です。それに、"私"としては、「要は『自分に何が出来るか、何が果たせるか』の問題ではないのか？」と、そのように思っています。
　　この世で"私"自身が探し出した、故郷の星の名前の"根拠"を、ここで述べる事にします。
　　"私"の脳内では、その故郷との距離は地球時間で、一往復に「16年」掛かります。片道では「8年」です。その「周期」に当てはまる星名が"シリウス"でした。この片道「8年」という期間は、世界の空気の流れが折り返す期間でもあります。この件に関しての立証はなかなか難しいので、ここでは割愛させていただきますが、いずれ機会が訪れたらお話しできるかと思います。その時までの「お楽しみ」としておきましょう。

そして、私達＊アスタリスクの同志は、お互いの持ち場で黙々と仕事をこなしています。

アスタリスクの"魂"同志は、たむろしたり、グルになったりという真似はしないはずです。

＊アスタリスクの同志
　この星からやって来た者は、「たった一人」から始めさせられる事が、「修行（課題）の一つ」ですので、特徴としては「周りの人間の"発想"とは異なり、理解され難い考え方」という点が挙げられます。色んな集団組織、職場、サークル活動、宗教仲間であっても、自ら積極的にまとめようとはせず、それでもいつの間にか皆の中心的存在になっている、そのような人物かも知れません。そんな、たった一人でも「志を遂げている仲間」がどこかに居る、という『愛』を込めて、敢えてここに記しました。

また、霊的に「健康体」なので、各自が"使命に目覚める"毎に＊「霊能力」を発揮するようです。
　＊霊能力を発揮
　　これも"私"自身の体験談ですので、シリウスからの同志すべての場合についてはわかりかねますが、"私"の耳に入る内容では「使命に目覚める毎に霊能力の開花があった」ようです。これも"私"が今までに出会った何人かについてだけの話です。

2007.03.17　13:37
（４）"魂"の霊格
第２章で、『霊格』とは「"魂"の器」である、と表現しました。
ここでは、せっかくですので、アスタリスクでの『霊格』を紹介しましょう。

「アスタリスクでの『霊格』」は、「一滴の海水（水の滴）」です。この"私"めは「大海の"一滴"」です。
アスタリスクでの『霊格』は、決まった『形』がありません。もし例えるとしたならば、「霧」＝"ミスト"です。
ただの「一滴」では、仕事量が小さいのですが、＊上からの手助けがあるので、より「大きな仕事」に変える事ができます。
　＊上からの手助けがあるので、より大きな仕事に変える事ができる
　　この世の仕事時でも、天界で行う仕事時でも、仕事をする際に「エネルギー」

は不可欠です。この「エネルギー」が、アスタリスクで与えられている『霊格』と"同じ成分"ですので、無限に"霊的能力"が使えます。
しかし、いくら無限に流れるエネルギーが与えられた身体を持っていても、自分のためだけにする仕事には、皆様と全く同じ条件で「エネルギー」の流れて来る「中道」が開かず、成功はしません。だから、余計に私達自身が"皆様のため"にだけ「生きようと努力する」のです。それも、「天界の霊力」を少しでも多くこの世の環境へと流し、一人でも多くの皆様へと贈りたいからです。これらの「思い」も、「アスタリスクからやって来た者の"特権"」かも知れません。

2007.03.17　14:47
（5）六次元の霊能力
それから、六次元の"扉"には、「＊第三の目」と呼ばれる場所があります。
それは、知る人ぞ知る、"超能力の扉"でもあるようです。
　＊第三の目
　　脳内に「松果体」という場所がありますが、その葉っぱの様な形をした場所が、通常では理解できない「不思議な能力（超能力）」が"開化する扉"になっています。"私"が、「利っちゃんの肉体」で体験した話ですが、ある時、脳内のこの"葉っぱ"が剥がされ、たくさんの"水"が溢れ出した映像をただ観ていた事がありました。それから「空気の見え方」が変わったと思います。物質的な「肉体」を持つ私達が「霊的能力開化」をするためには、何らかの『実体験』が必要です。いくら「不思議な能力」とはいえ、一足飛びには得られない、これも霊界からの手引きが必要なモノだと思われます。

では、「扉が開ける」とどんな力が出て来るのかを、ほんの少しだけ紹介します。
まず、その「扉が開いた者同士」ですと、「頭の中で会話（テレパシー）」ができます。
片方だけの場合は、"透聴"（盗聴）になるでしょうか。
「デジャヴ（既視感）」や「正夢」、「予知力」もついて来るでしょう。
そして、＊広い意味で、"気"が読めるようにもなります。

＊広い意味で気が読める
　広い意味とは、全体のその場や、国家間などの広くて大きな場の空気の時間的な流れも読めるようになるという事です。

「霊的な世界に住む者達」を、見る"能力"も出て来るでしょう。
「邪霊」のような、生きている人間の邪魔をしようとする「霊的な存在」を取り払う（浄霊）事もできるようになるかも知れません。
他にも、様々な物事に対して、"インスピレーション"で感知する能力といった、＊色んな「特殊能力」も出て来るでしょう。
　＊色んな特殊能力
　　人により、生まれ付き備わっていた能力の中で、年齢を経て行くうちにドンドンと消えてしまうのが、これら「霊能力」でしょう。多分、皆様は二歳くらいまでは、簡単に色んな事を理解していたはずですが、「この世」を意識するうちにトンでもなく鈍くなるようです。
　　これに関しては、「自然の摂理」なのだと思います。なので、「自然に帰ろう」と努力すれば、感度も鋭くなるでしょう。

ここで断っておきたいと思います。
俗に言う"インスピレーション"と、"勘"をごちゃまぜにする方がたくさんいますが、気を付けてください。
簡単に騙されますよ……「邪霊」には。

"インスピレーション"は「閃き」として来るので、一種の"電気ショック"のような「感銘」を受けるはずです。また、その閃く「内容」も気になります。
著しく「個人的な利得」に対して、"インスピレーション"は働きません。
よくよく考えてください。
天からの通路「中道」を使って、各自の頭の「真上」目がけて＊"インスピレーション"は落ちて来るのです。

個人の「勝手な損得」に付合ってくれる"提案"は、俗世にまみれている「邪霊」の"得意"分野なので、そちらの存在の方が"あなた"に近く反応し、"通"るのです。
この「電気ショック（インスピレーション）」が度重なれば、慣れて来ていちいちショックは受けなくなりますが、初めのうちは、その度「感動」を引き起こしますので、受けた人には「大いに違い」が分かるはずです。

  ＊インスピレーションと勘の違い
  『閃き』は、頭上天辺（てっぺん）からしかやって来ません。それに比べて"勘"は、脳の斜め後ろや耳の横、お腹や背中……、とにかく「頭頂真上以外の場所」は全部"動物的勘"です。人間は全員、過去世をたどれば「動物」で、この世に下りて来てしまえば、"天"よりも「邪霊」＝「動物霊」の方がずっと仲良く過越せます。
  それは、過去世からの『本能』があり、「肉体」は、その『本能』を優先する生き方を好むからです。「"人"としての道（人生）を生きたい」と願うのであれば、色んな"欲"を制御する事が必要です。"通（つう）"な人は、それを"楽しく"思うはずです。

2007. 03. 17　16：16
（6）＊釈迦とイエス・キリストが来た世界
最後に、『彼岸』は、私達の大先輩＊『釈迦』や『イエス』が、来た世界でもあります。

『釈迦』は、「人として生きる」"種"をたくさんの人達に蒔いて生きた『人間』でした。
『イエス』は、『釈迦』の蒔いた"種"の「生きる見本」として、生き逝き通した『人間』でした。
"私"は、先人この二人の後に参った『人間』です。"私"は、この育った"種"の"苗"を刈り取りに来ました。
何のために？……皆様が自分の足で、"自分自信"の力で立って生きら

れるように……、自立のために、です。

そのためには、多くの"真実"や"奇跡"を皆様にお見せし、語らなければなりません。
それは、皆様が見なければならない"自分の真実の姿"です。

私達「肉体人間」は、「三次元」という「物質の世界に生きられる」ほど進化した存在です。
しかし、宇宙の事実では、その「三次元」という世界も、まだまだ"進化の途中"です。
私達は、再び歩き出さなくてはならないのです。
地球も、私達の進化の同士です。
地球も今、進化を望んでいるのです。

地球は、皆様と同様、たくさん傷付いて苦しんで来ました。
そして、念願が叶い、"大いなる目覚め"の時期が来たのです。
地球も、私達と同じ「進化する」存在です。

そのためには、地球に"間借り"している私達が進化しなくてはなりません。
今現在、「たくさんの選択」が世の中の皆様に"迫られている現実"から、まだまだ多くの「人間」が、顔を背けて生きています。
「たくさんの問題をそれぞれが抱えている」とも言えるでしょう。
私達は、再びお互いを支え合う、『手』を伸ばさねばなりません。

"私"は、「二次元に住む"酔っ払い"達」(後述)のために、目覚める『絵』を描いています。
『絵』は、たくさんのエネルギーを「周りの空気」に伝えます。

その「空気」が、人々の"意識"を変えて行きます。

それが、この世に"私"が起こしに来た『奇跡』です。

そうです、その新しい空気により、「酔っ払い」状態の人達が"目覚め"出すのです。

その『絵』の威力は、『絵』を体験された人にしか分からないかも知れません。

また、『絵』を体験された人でも、分からないかも知れません。

しかし、いつの日か、この願いが多くの人達にこだまして、この世を変える『空気』になってくれる事でしょう。

こんな"私"ですが、どうか皆様、呆れずに、これからもよろしくお願い致します。

　＊釈迦とイエス・キリストが来た世界
　ここで語ったことは"私"の本心です。これらを全うするために、"私"は、ここ地球へ生まれて来ました。"私"は、「信じる事」は大切だとは思っていません。「『真実』は、分かる（腑に落とす）モノだ」と思うからです。「信じる、信じない」よりも「分かるか、分からないか」で"物事は進んで行くモノだ"、と理解しています。前者の「信じる」者の場合、もし裏切られたとしたら「相手を恨む」のでしょうか。後者の「分かる」者は、「それが自己責任だ」と承知した"人生"を歩けるのではないでしょうか。時代は、それ（"分かる人"が育つまで）を待っていました。『宗教』とは、元々そういうモノです。今、世界中の『宗教』が、価値観を変えなければならない時代が来ています。

第6章　物質界－三次元－

私達が、"肉体"を体験する「階層」です。

2007.03.12　22:12
　（1）＊この世では、苦しんで良いのです
「苦しんで、生きて良いのです」。
「苦しむため」に、私達は、ここ"地球"へ生まれて来たのだから……。
私達が生まれる前（ビッグバン以前）は、皆、例外なく『光』の存在でした。
『光』は、「相反する存在」＝「"闇"（＝石）の姿」がなくては、「自分」という存在が『光』だと認識できなかったのです。

私達は、"意志"という"闇"（＝石）を創り出しました。
何故なら、"闇"という「相反する状態へ"映し出す"作業」が、「自分達が『光』」だと認識できる、唯一の手段だったから……。
『その事実』をすっかり忘れ、「私達は、重い思い（意思）にこの地へ生まれて来る」のです。
『その事実』を、"肉体"という"思い重り"を通して、『この世で体験し、"思い出すため"に』です。

私達は、この地球上で"肉体人間"として存在しています。
それが、現在、私達の"世界観"を作り出しています。
実は、この"世界観"、この感覚自体が"闇"という意思（石）であり、"顕在意識"の投影です。
私達の過去『光』だった『霊的意識』は、潜在意識として"魂"の奥深い所へ押し込められ、物質化されたこの世＝三次元へ肉体として生まれ、"現実的な世界"として目覚めたのが、各自の持つ"顕在意識"です。

この地球（これも＝石）に同調する私達全員の顕在意識は、例外なく"闇"という存在です。

ここでは、"色"（これも"闇"）で例えてみましょう。
『光』が「白」ならば、"闇"は「黒」です。
私達この世の"肉体人間"は、全員「黒」で、"闇"の存在です。『光』の「白」ではありません。
そして、大概の皆様は、「白」は『正義』の色で「黒」は"悪"の色と決めています。
そしてまた、大概の皆様は、自分を無意識に「白」、つまり"善良な人間"だと『認識』しています。
この考え方は、"錯覚"です。
湧いて来る"虫"と同じ、「生きている事」を、当然とする"感覚"、それ自体が"錯覚"です。

私達は、生きている毎瞬毎秒、呼吸で、車で、薬品で、電車で、洗剤で、飛行機で、工場で、空気を汚し、生きるためだけでなくお金のために「殺生を繰り返し」、生活する上で、必ず"ゴミ"を出している。
"あなた"は、これでも"善人"で、「悪い事はしていない！」と地球に向かって言えますか？

それでも、"あなた"はそれで良いのです。
私達は、生きているだけで何かを味わう体験をし、心的成長をしている……。
だから、それはそれで良いのです。
私達は、日々、それらの行為を繰り返し、たくさんの苦しみや悲しみ、辛さを与えられ、人生を終える。

そして、そのたくさんの苦しみが、悲しみが、切なさが、いつしか"あなた"に希望の『光』を……、いつの日か、必ず永遠の『光』を、思い出させてくれる"日"が来るからです。
飽き飽きしてつまらなくなるまで、"肉体"という重りを着て、遊んでいて良いのです。
それが、小さな"魂"の、私達「人間として生きている証明」なのですから。

それが、やがて年を取り、"遊び"に飽きる頃、"学びたくなる"時が訪れます。
「どうして、ここへ生まれて来たのか？」
「何をするために、俺は、私は、ここへ生まれて来たのだろうか？」
"あなた"がこんな疑問を思う時、「大人」になるための『道（＝真理）』を知りたくなる日がやがて来る。
"あなた自身"が自信を持って「自分の姿は、"霊"＝"光"だった」と思える『意識』が湧いて来て、"礼"を"心"と認められるようになり、その"真髄"を学びたくなる日が、今現実にこうしてやって来るのです。
そうして"あなた"は、これらの文章を目にし、ワクワクしながら、"魂"と共に「"礼"とは何か」と半生を反省し、相反するお互いの様(さま)を観て学びながら、霊的成長・進化して行くのです。

　＊この世では、苦しんで良いのです
　　この、『この世では、苦しんで良いのです』という全体の文章は、今から三年程前に書き記したモノからの抜粋です。この文章から、さらに原稿用紙五十枚程の内容説明を書き起こしました。それくらい、この文章には、深い深い意味が込められています。
　　最初にお話ししました、【意の理】に通じる話から、私達自身の誕生についての『創世記』を、新たな語り口でここに説明しない事には、天界と皆様と一緒に手を繋いで、次なる『創世記』へと発展させていけないのです。

この世では、皆様に実際に体験していただく事でしか、このお話の内容を証明する事はできません。心苦しい限りですが、ライブ中継で今、"私"が"あなた"へ直接語りかけられたなら、もう少しはお役に立つ言葉が使えたのかも知れません。
まずは、「"三次元"を生きてみる事から全てが始まる」とお伝えしたかったのです。

2007.03.14　13:31
（2）精神力とは
『物質』に、"生命"という宇宙からの「火花の息吹」を吹き込まれ、人生を営む次元、それが『三次元』です。
始めに申し上げた通り、私達の本質は『＊霊体』です。
　　＊霊体
　　　「"霊"の体」の事ですが、これは「天使のエネルギー」から出来ている「エーテル」状の"宇宙物質"です。「エーテル」とは、"霊的な物質"という意味らしいのですが、これは元々「天使のエネルギー」として物質化したモノですので、「エーテル」状とは、"水の質感"を持つ「エネルギーの形状」構造になります。

"物質"が出来る、遥か彼方の大昔、私達「宇宙の全ての存在」は皆、"霊"という『＊光』でした。
　　＊光
　　　前述の「天使のエネルギー」の事です。"霊"であった私達が「自分達だけで、同類ばかりの世界では何も感じる事はできなかった」という状態でいた時の話です。

『光』の存在だった私達は、「波動」を、また言い換えれば「"波の調べ"の回転スピード」を下とさなければ「物質」に変わる事はできません。
つまり私達は、幾つもある『光』の階層の一つをツール（道具）にして、＊波動回転数を下げ『物質』に変え、同調するここ地球に「肉体

人間」として生きています。

 ＊波動回転数を下げ物質に変える
  地球上での物理学の話になりますが、そちらでは「"物質"とは、物の『小さな単位の分子』がたくさん集まって固まり、一個の『物体』を構成している」はずでした。これは、重力や引力がなくてはお話にならない「道理」です。その『物体』にさらに「回転を掛け、分子同士をくっ付けている引力や重力を外して行くと、"光"分子が出て来ますよ」となるのです。現に科学では、それ＝"光"分子を発見していますね。
  それに、事実「天使のエネルギー」の存在にも最先端科学者は気付いているので、宇宙の立証には、その「天使のエネルギー」が存在しない限りは、証明も先に進まなくなっている……という話です。
  これも、メールマガジンの中でくわしく紹介しています。最先端論理物理学者、リサ・ランドール博士の理論からさらに飛躍させて述べていますので、そちらでの"私"の見解もどうぞご覧ください。

実際には、四次元"♯"から『光』の世界へ上り、四次元"♭"から『色（闇）』の世界へと下る「1階〜7階までの＊エレベーター付きの"家"に住んでいる"魂"」という存在……これが"霊体"になります。

 ＊エレベーター付きの家に住んでいる魂
  本書巻頭カラー図1「7つのチャクラ」、図2「チャクラ12ch」をご参照ください。
  "光"の世界の入り口に、私達の"魂"は住んでおり、前向きではいつも"光"＝「明り」を見る事ができますが、後を向くといつも「暗い」世界が目に映る……、そういう世界を映す眼鏡（これが"魂"）を掛けて、個人個人が生きているのです。

私達は、"魂"という『水晶玉』を真ん中に、交差した「8」の字で"精神"という『気』を循環させています。
＊『精神力』とは、「気エネルギーを、霊体や肉体に巡らす"スピード"」を、そう呼んでいます。
また、『精神力』があるかないか、という問題は、"気"の巡りの「勢いの強さ」と「波の量の大きさ」を指しているのです。

＊精神力とは、気エネルギーを、霊体や肉体に巡らすスピード
俗に言われる「気が強い」「気が弱い」という表現は、この『精神力』を指しています。"命"に備わる「火の力」＝火力（燃える時の勢い）が「あるか、ないか」とも表現されるでしょう。これら『精神力』は霊的な力なので、それまでの精神的な作用に強く影響されます。例えば「精神的な悩み」を抱えている場合、元気が出ず、食欲もなくなり、『精神力』も弱くなります。そう考えると、「人間は『精神力』のお陰で、精力的に生かされている」のではないでしょうか。

そして、その『精神力』のパワーを決めているカギは、＊"元気"度です。

「元」の「気」と書いて"元気"。

＊元気度
これも、メールマガジンにて「赤ちゃんが生まれて来る経緯」から詳しく解説しています。
赤ちゃんの「"母"と認識した瞬間の女性の感激度」に、生まれながらに備わっているような「元気度」が、その後の人生に多いに関係して来るわけです。残念ながら、"お母さん"から受けた愛情の多さと比例して、この"元気"の力の元になり、一生を生きる『活力』を得るわけですが、それだけで『人』は生きていません。何か『支え』となるモノ（人や動物等々）＝"光"となる存在を見つけられると、この『元気度』はそれまでの何倍にも輝きます。この元気度に一番影響を与える考え方は、「自分は、誰からも愛されていない」と思う事です。このように考える人がいたら、「誰からも愛されていない人は、この世に一人も居ません」とお伝えしたいですね。何故なら、"あなた"を見守る『守護天使』は、例外なく一人ひとりに付いていて、"あなた"を誰より愛している存在だからです。

実は、この"元気"とは、＊『土塊（土の強度な固まり）』と"強い同調"を示します。

＊「土塊」との強い同調
人間の肉体は、植物の"根"を"足"と捉え、地からも、力＝エネルギーを得ています。これは、「肉体」が「植物」と同じ『物質』成分からできている証拠です。「"森林浴"が、身体に良い」とは、こういう仕組みからも言える（癒える）事です。

『土塊』＝＊「土の強度な固まり」と強い同調……一体これは、どういう意味でしょうか？
　＊「土の強度な固まり」と強い同調
　　ここでは「物質的な見地」から申し上げていますが、下記では、精神的内面から観た場合、どのような意思や意図で人間は『本能』と結び付いているか、という説明をしています。

「土」は、"地"にある物ですね。
その＊"地"で固まった"土"は、いつしか『理想』を求めて蠢(うごめ)くのです。
　＊地に、溜まった土の固まり
　　この"地"で固まった"土"は、＝『人間』を指しています。
　　不思議ですが、流血した「血」が固まり、時間が立つと、ボロボロにこぼれて「土」に見えます。マグマの固まりが「土」で、乾くまで表面から出ず、体内を動き回っていたのと同じ様子ですね。

蠢(うごめ)く……。
＊「動く」に「目」（＝芽）付いた存在、それが、「私達」という"生命"です。
　＊動くに目（＝芽）が付いた存在
　　まだ「生まれたばかり」の"本能優先"の「意識」で生きる『人間』の事です。

＊『虫のようだ』などと、バカにしないでください。
　＊虫のようだ①
　　"私"が生まれた当時、1963年頃では、ちまたでは「"霊"なんかいるはずない！」と『人間』同士が話していました。そのような方々は「何故、どうして、ここ『地球』へやって来たのか？」、また、「どうして、私達は生まれて来たのか？」などを全く気にしていない様でした。その状態を目の当たりにした時、"私"の脳裏には『虫のようだ』……この言葉が浮かんで来ました。無意識に生きる"虫"と「同じ感覚」、そう思ったのでした。それから、随分

ちまたの会話も進化して、「"生きる意味"がそれぞれの『人生』に、何かしらある事を理解している」というのが、最近の多くの方々の意見です。

＊「虫」も私達と同じ、地球の産物です。
　＊虫のようだ②
　　だからと言って、"虫"を軽視しているのではありません。"虫"の一生の「何とも儚い短さ」や「一生懸命がむしゃらで生きる姿勢」に、胸を強く打たれます。そこに「"生きる意味"を、人間がもっともっと見出せたなら、もっと有意義な人生に成る」と、そうお伝えしたいのです。

＊「虫」を"虫螻（むしけら）"とあざ笑う次元が、地獄の奥深くにありました。
　＊虫のようだ③
　　この地獄の存在は「虫けらの様」だからと、同じ「人間」を無視したりバカにしたりすると、「地獄へ落とされる」と証明しています。

生きている間、「他者を"人"とも思わないで活躍した」無数の方々が寄せ集まり、＊赤茶で暗い『地獄』の果てにある洞窟の中で、各々が口をクチャクチャムシャムシャと絶えず動かしていました。
そこで、どこからかスピーカーを通したような声で、「お前らっ！　虫ケラどもめが〜！」という台詞（せりふ）が、何度も何度も繰り返し流されているのです。
怖がらせているつもりはありません。
ただ、「『命』（＝意の地）の果てにある"炎"は、『地から』湧いている」と、そう申し上げたかっただけなのです。
何故ならそこに、"マグマ"という巨大な"炎"で燃える、「浄化の場」があるからです。
　＊赤茶で暗い地獄
　　ここが赤茶で暗かったのは、多分"マグマ"に近い場所（地獄）にあったため、炎い灯として観得たのだと思われます。この件に関しても、いずれ、メールマガジンで報告します。

上記の"＊炎"とは、"火"と"火"が重なり合った文字ですね。

「命の火花」、またの名を＊「生命」は、子の身体が宇宙で繋がる母の身体の"水"の通路を通って、母子が共に持っていた「命の火」（＝"火＋火"）が、ここで重なり合って地上に生まれ出て来る美しい"者（もの）"です。

これは、見えない「糸」（意図）で繋がれた「者」同士……母と子のへその「＊緒」が、象徴しています。

　＊炎
　　この"炎"に関する言霊の由来は、「父との関係」からです。父のマグマの種を受け継いだ子の"命の火"……これが、ダブルの火を上下に重ねた「男」性（縦社会）らしい文字の構造ですね。
　　本来の"魂"の物質誕生には、父の持ち物も母の持ち物も（男女性）持ち合わせて"一つ"ですので、一人の子としての生命には、必ず両親の存在が必要です。

　＊緒
　　最後の「緒」ですが、この母と子の「絆」がなかったら、この世に生まれ出て来れません。
　　クローン人間は、「人間」として育つのでしょうか？

―――― 安心な椅子 ――――

この『天使の絵』は、
妻を支える夫の、
また、夫を支える妻の、
あたたかな"愛の心"が、
自然とにじみ出て来ます

新婚時代の楽しい空気に、部屋中を変えてくれます

――― 麻顔 ―――

この『天使の絵』は、「"あなた"の朝の顔」に、すがすがしい変化を与えてくれる事でしょう……

夜眠れない時も、安心して眠らせてくれます！！

落ち込むような問題にも、勇気が湧いて来ます……

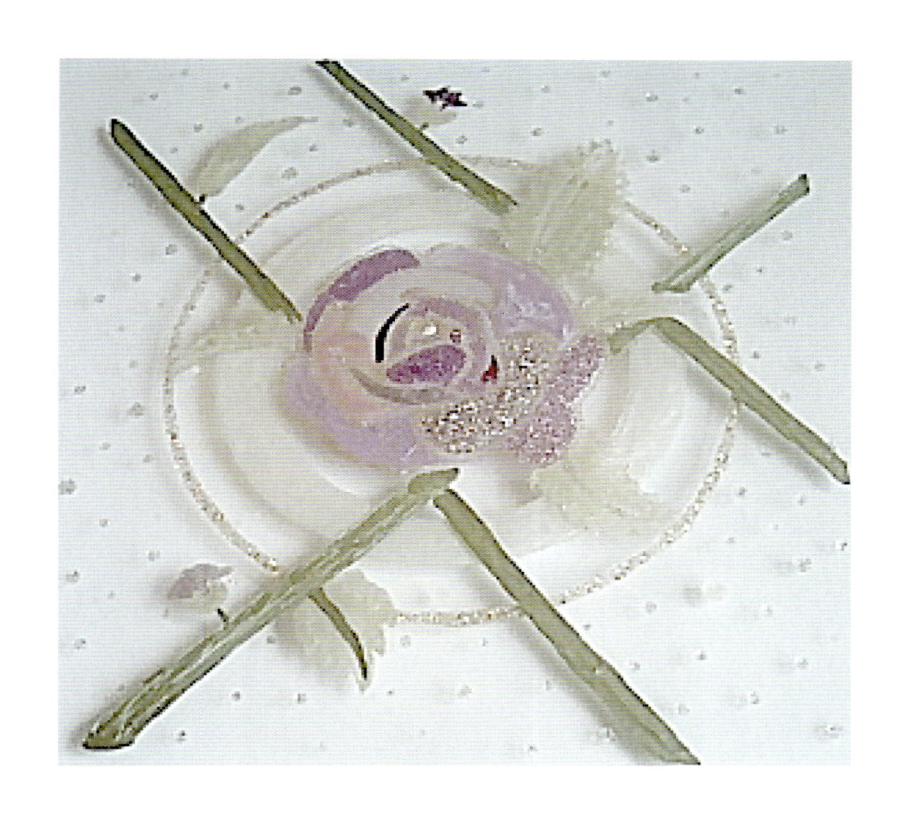

――― サザンカと宝石 ―――

この『天使の絵』からは、
あなたの内面に在る「真実の姿」が、表に現われ
素敵なエネルギーがフツフツと湧き出しています……

……さぁ、そろそろ「あなたの実力」を、発揮してみましょう

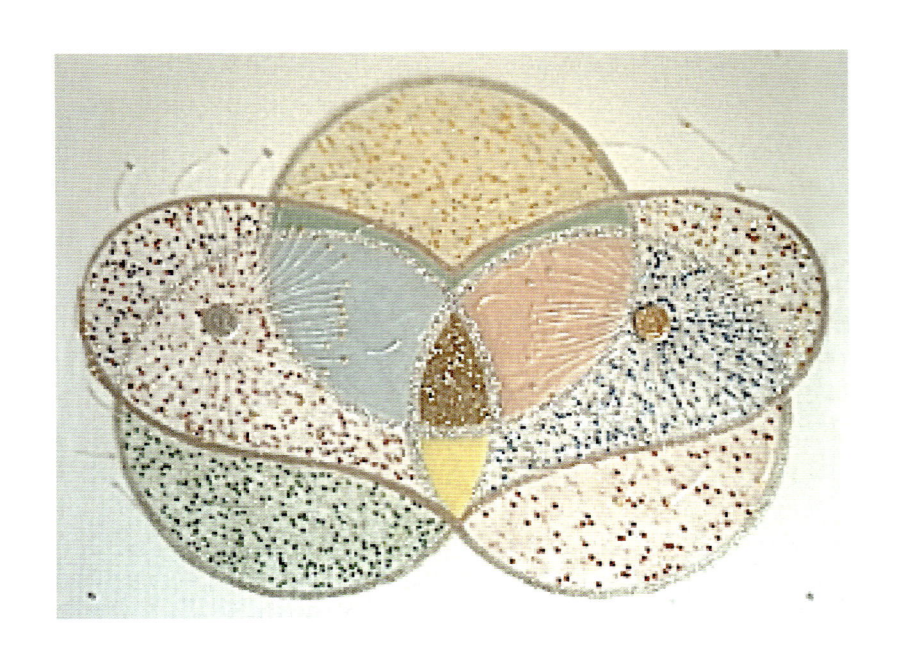

―――― 梅と蝶 ――――

この『天使の絵』は、あなたの中道をより浄化し、
「天使界への通路」をこじ開けます

15秒ほど眺め、この『絵』の空気を深呼吸し、
"あなた"の身体＝オーラに循環させてください
天界からのさらに難解な『智慧』が、理解し易くなります
これからの課題、「邪霊」の侵入から身を守ります

アスタリスクの光

「転」の巻

———— 強いあじさい ————

この『天使の絵』は、
たくさんの人と和に成る、
素敵な空気で"あなた"を満たしてくれるでしょう！！

様々な不安も取り除いてくれますよ……

——— ゆりの和 ———

この『天使の絵』からは、
優しい女性の笑う声が聞こえています
ふんわりと包み込む柔らかな空気が、
"あなた"を励ましてくれるでしょう

優しいお母さまの"愛"が、いつまでも溢れ出ています……

―――― 風鈴草の詩 ――――

この『天使の絵』からは
見事な風のハーモニーが聞こえています
誰もが協調性をもって、
その場を見事なまでの輝きへと、
リズミカルに変えてくれるでしょう

落ち込んだ"あなた"には、
「勇気と笑顔」を与えてくれます

―――― みんな De ♪ ――――

この『天使の絵』は、
寝ている間に「人の内面」を濾過してくれ、
新しい朝に、リフレッシュした空気を、
"あなた"に与えてくれるでしょう！！
自分一人では淋しいと、
「みんな Də、みんな De」と声を掛け、
励まし合う天使の声が聞こえています

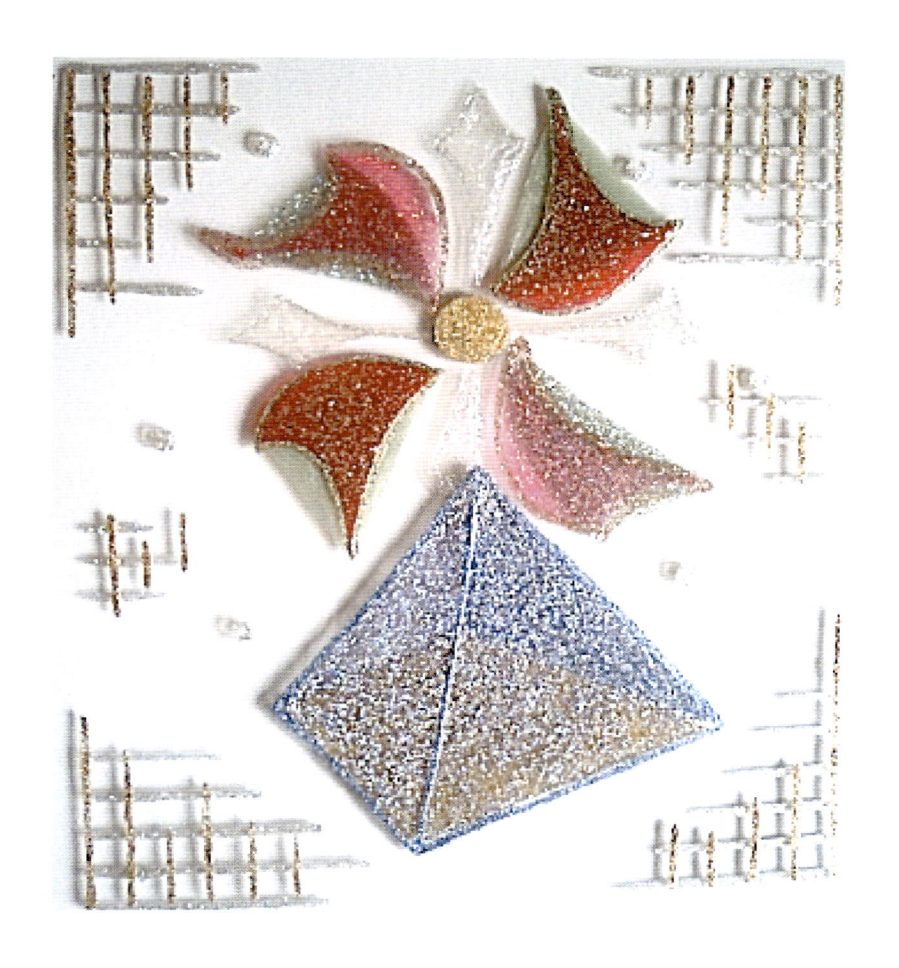

―――― 愛の十字軍 ――――

この『天使の絵』は、
神（十）の子としての「人間」を
"人"として生きる様にと、
"あなた"の人生を、
掛け替えのない"道"へ、導いてくれるでしょう

――― ゆり「素直な心」 ―――

この『天使の絵』は、
自分勝手な振舞いに気付かせてくれます
クールな優しさで包み込む空気に
"あなた"は"心"を打たれ、
「素直な自分」へと、変わっていけるはずです
「一人ぼっちだ」と感じた"あなた"は、
ぜひこの絵に話し掛けてみてください
きっと、こたえてくれますよ

────── アダムとイブとりんごの木 ──────

この『天使の絵』では、
智慧を与えられた「人間」が
地上の楽園をどう生きる日(か)？と、
"あなた"を試しているのでしょう可(か)？
"あなた"は、どの"実"を選びます価(か)？

男性として、"あなた"は、どう選択し、生きるので昇化(しょうか)

―――― アダム＆イブ　Part 2 ――――

この『天使の絵』では、
すべての生命は、
土から育まれて見て学び、
"あなた"は、すべてを与えられて満て、
それでも、「"私"は、何も持っていない」と、観得ますか？
女性は、"すべての実"を与えられています

——— 桜星 ———

この『天使の絵』は、
「日本の和心」をかもし出し、
明るい空気にあなたを包んでくれます！

可愛い"あなた"を、再発見できるはずです

アスタリスクの光「転」の巻
目次

天使の絵

第7章　芸術界＝五次元
　　　芸術とは…… ——————————————— 18
　　　"魂"の満足度 ——————————————— 19
　　　オーラが輝く世界 —————————————— 22
　　　自立の精神 ———————————————— 25
　　　『言霊』の現れる世界 ————————————— 26
　　　『言霊』50音 ———————————————— 30

第8章　酔う世界＝二次元
　　　大海原と活火山からの出入口 ————————— 37
　　　「酔っ払う」とは、"正気"でない事 ———————— 39
　　　「酔っ払い」は、私達の分身。「光と陰」の部分 ——— 41
　　　「酔っ払い」は、生きている人だけではありません ——— 43
　　　霊能の共鳴 ———————————————— 45
　　　『元凶』は、本人の"意識" —————————— 49

第9章　成功界＆地獄界＝一次元
　　　成功者 —————————————————— 51
　　　勝ち組 —————————————————— 53
　　　負け組 —————————————————— 54
　　　敗者＆脱落者 ——————————————— 55
　　　落伍者 —————————————————— 56
　　　"己"を消し去った者 ————————————— 57
　　　黒光りの"オーラ"を放つ人達 ————————— 57
　　　『成功者』の末路 —————————————— 58

第7章　芸術界＝五次元
私達は皆、アーティストです

2007.03.14　14:21
（1）＊芸術とは……
＊芸術
　ここでの命題「私達は皆、アーティストです」とは、一人ひとりの"人生"そのものを指して言っています。"アーティスト"とは、「表現して生きる人」の事です。つまり、私達一人ひとりは「己の"人生"の『芸術家』だ」と、この五次元を語る文中で宣言しています。

『芸術』を一言で例えるとしたなら、"アート（表現する）"です。
「アート」……「自立した人生」を言います。
「自立した人生」……"自立"とは、自分の「足」で立つ事です。
そして"人生"とは、人により様々な「生き方」の事です。

「自分で"自立した人生"を生きる」……これが、個として生まれた"一人の芸術"です。
「自分の人生を芸術的に生きる」……これが、"五次元に生きる"という意味です。
「人生を"アート"する」とは……"自己を素直に表現して生きる事"。
「自己を素直に表現する事」とは……「自分の心に"正直"に生きる事」。これが、地球での本来あるべき姿、「自己実現」した人生です。

"私"は、出会うお一人お一人に、この『芸術家』として生きる人生＝『自己実現した人生』を望んでいます。
"私"は、皆様を、お一人お一人が持つ、五次元の"扉"の中へ導こうと、この仕事をしています。

しかし、"私"が"あなた"とご一緒するわけではありません。
"私"は、あくまでも"あなた"自身のご判断（これが"自立"です）で、人生の選択をされる生き方を望んでいます。

さて、次は「自己実現」する人生について、お話しします。

2007.03.15 14：21
（2）"魂"の満足度
＊本書巻頭カラー図1「7つのチャクラ」、図2「チャクラ12ch」を参照してください。

ここに、一人の「人間」を、"高層ビル"に見立ててみましょう。
《「高層ビル」のプロフィール》

ビル名	：コウソウ・ビル
階　数	：7階建て
フロア	：12室（2～5階各2部屋）
ビルのオーナー	：4階「魂」様
ビルの管理者	：3階「顕在意識」様
屋　上	：7階フロア全体
催事場（講演）	：5階催し物広場
催事場（試食）	：2階食品展示場
駐車場	：1階フロア全体
その他	：エレベーター完備（通常の「お客様」は、主に4階までの運転に限られます）

以上、4階の"魂"がオーナーのビルは、1～7階までのエレベーター付き"霊体"設計図で構築されており、通常ビル（肉体）の運営・運転は、3階（三次元）に住む"顕在意識"が操縦・管理している……

となります。
この＊「顕在意識」は、『肉体』の管理・運営を任されている「存在」です。

> ＊顕在意識
> 　『肉体』の運営管理をしていますが、"心"までは操縦出来ません。"心"の制御管理は「精神」が運営を担当しており、それをオーナーの"魂"がしっかり「記録」し、私達「顕在意識」の知らない自分までのすべてを管理・制御・登録しています。

その＊「顕在意識」が『幸せ』と感じて生きられる人生……。
それが、多くの私達の"願い"でもあります。

> ＊顕在意識が感じる幸せ
> 　"三次元の階層"で思考する顕在意識の『幸せ』感とは、多くの場合『本能』の満足する内容になるはずです。例えば、お腹が空いたら食べ物を食べる→満足（満腹）→『幸せ』を感じる……そういうことです。
> 　また、大抵の場合、『肉体』を"酷使"する事よりは"楽"をする方を選択し、「お金が有れば何でもできる！」と、信じる事なども、『本能』から来る思いで"描く"『幸せ』な姿ではないでしょうか。しかし、これらの「幸せ感」は"既製品"であり、"私"の目指す"アート"とは呼べません。
> 　これから"私"が述べる『満足』に対する内容も、各々の次元階層によって、『幸せ』に対する価値観の違いを表します。

ところが、三階に住む"あなた"自身の「顕在意識」は、四階に住む本質の"あなた"の姿、細やかな"魂"の訴える内容をよく理解できません。
「肉体」は、自分が元来た場所＝「地」で生きる事に「満足」してしまいます。
その気持ちは、当然と言えば当然です。
物質的な生活に満足できれば、一階の部分「足元」が安定し、英気を養い『元気』でいられます。
このような人生選択で何の迷いもない場合、"魂"は完全に眠っている

状態です。

"私"はもちろん、このような方々を責めているわけではありません。
『人間』の人生には、様々な発達・成長段階があり、それぞれに「必要な体験」が必ずできるように、地球は用意が整っています。

今尚、たくさんの眠れる"魂"が、ここ「地球」に育っています。
この眠れる"魂"の場合、「深く傷付く」、または強烈に「苦しむ経験」がないと、全く目覚めません。
逆から言えば、本来の"あなた"自身の意識="魂"は、眠って居ても、傷付く毎にハッキリと目覚めて行(生)きます。
なので、ここでも皆様、心配は無用です。

また、眠っている"魂"でも「経験」はきちんと記録されています。

ですが、起きて目覚めている"魂"の場合、このようには行(生)きません。
物質を与えられた『満足』だけでは、"魂"は満たされない事を知っているのです。
そして、その「思い」は"上の階を目指し、"光"を求める生き方"を"心"で望むようになるからです。
その為に、"霊性"を追い求め、いずれはこの＊「五次元の世界＝『自己実現』を生きる」人生を選択するようになります。
　＊五次元の世界＝自己実現を生きる
　　「目覚めた"魂"」の望む通りに『人生』を歩む事です。この「魂の望み」の中には、必ず"奉仕の心"＝"サービス精神"が入っています。

2007.03.15　16:28
（3）オーラが輝く世界
＊「顕在意識」と"魂"が融和（仲良くなる）すると、"光りのオーラ"を着て気持ち良く生きられるようになります。
　＊顕在意識と魂が、融和（仲良くなる）する
　　これは、「目覚めた『意識』を持ちながら活動ができる」事の証明で、"魂"が『肉体』のレベルまでも操作する事となり、加えて"魂"が本来の役目に目覚めたため、光輝く精神力の勢いが増すので、数々の好転現象（次から次へと理想に導かれる）が体験的に起きて来ます。

『魂』は＊"あなた"の生まれる前から、"あなた"のこの世での目標、目的を知っています。
＊『魂』は、"あなた"を見守る保護者のような存在です。
　＊あなたの生まれる前からの目標、目的
　　これが、『バースビジョン』です。『バースビジョン』を直訳すると「生まれる前に"あなた"が決めた『今生の課題』」です。
　＊魂はあなたを見守る保護者のような存在
　　"魂"は保護者のような存在でありながら、同時に"あなた"を苦しめる"敵"のような存在でもあります。これは「"魂"の課題」に定められたモノなので、必ずや乗り越えなければならない『宿題』（＝課題）があるためで、それを「宿命」と呼んでいます。

＊『魂』の目的通り生きる時、あなたの"オーラ"は素晴らしく輝いて生きられます。
　＊魂の目的通り生きる時、オーラは輝いて生きる
　　"あなた"の精神的な「苦しみや辛さ、悲しさ」などをバネにし、与えられた「人生」を乗り越えようとする時、同時に「喜びや楽しさ」までもが見出せる精神状態を作れるようになれます。それと同時に、「強烈な"オーラ"」が輝き渡ります。
　　どうして、そのような状態に成れるのか、……これは、「適度な緊張状態の中に身を置く事」によって、その"ストレス"が自我（顕在意識）の精神的バランスを中庸に整わせるので、『中道』の真上にあるあなたのお皿（"カッパ"

のお皿を思い出してください）にたくさんの"光"が吸収されるためです。
（本解説書巻頭カラー図1「7つのチャクラ」、図2「チャクラ12ch」を参照してください）
すべての「人生」を通して、中庸（＝中道）に精神レベルをチューニングできるような、ある種の極限状態を自身に観る時、「心のバランス力」を鍛えられるチャンスが与えられ、素晴らしく輝く"オーラ"となり、たくさんの人々に影響を与えます。このような例の"オーラ"は、一部の芸能関係の人間に、視聴者としても見せられている現象でしょう。これも、各人の生まれ持ったセンス＝能力のお陰でもあるので、なかなか常人がこのレベルに達する事は難しいでしょう。"楽"して光る低次元の"オーラ"は、ただの浮かれ気分やいい気に酔っている時など、「束の間の快楽」を得ている人間の場合のみです。

それから、「"自分"を正直に生きる」とは、誰に対しても心に嘘偽りなく、自分の言いたい事が"正直に、素直に言える"事です。
自分の足元を満足させる生き方だけでは、"真から輝くオーラ"を身にまとう事はできません。
そしてまた"魂"は、自分以外の人達と"繋がった生き方"を望んでいます。
「繋がった生き方」とは、"心の手を開いた生き方"です。私達の"魂"は、独りでは『幸せ』と感じないのです。＊「自分（＆自分達）さえ良ければ……」という「幸福感」では、決して"魂"が喜ばず、輝かないのです。

＊自分（＆自分達）さえ良ければ……では、魂が喜ばない
"魂"とは、宇宙全体と繋がった『意識』を持つ"個"ですので、少なくとも「この同じ空気で繋がっている地球全体」が満足できていなければ、自ずと大きな満足はできません。それについても「"魂"の目覚めた程度」に比例します。往々にして、目覚めた"魂"は、常にバランスを取りたがって生きていますので、自分勝手な「顕在意識」とはかけ離れている存在です。
誰かに感動を受けたり、与えたりできるような「生き方」ができない限り、なかなか"魂"は喜んでくれません。そればかりを狙った生き方も、他人の目からは「鼻に付きます」が……。

「輝いた生き方」とは、「"魂"の望む生き方」をする事です。
それにはまず、"心"の熱い胸の内をご自身で感じ、その鼓動を聞き、それを心の声として受け取り、何かを感じながら、とにかく体験していく事です。
何か欲しい物が手に入った事で、「光っている」と思う気持ちは、その前までが曇っていた証明で、ご本人の「我」の錯覚です。
何かを*『錯覚』して生きる人達を、「他者」として端から見ていると、"心"寒い情景が多々あります。

　　*錯覚をして生きる人達
　　「人間」は、誰しも少なからず『錯覚』をして生きています。
　　誰か第三者と共に、お互いにそれを指摘しながら、また自分自身でその『錯覚』に気付いていけたらば、「冷静な判断」ができるようになりますが、それができる大人としての人物はなかなか居ません。ですが、それも「本気で生きている証」であり、大切な生き方ですので、お互いにですが、どんな人生を「アート」として『錯覚』していたとしても、それはそれで「イイ人生」です。

その「様（さま）」を上から見下ろす目線から見ると、「*どっちもどっち」として「お互い様」に映るお話です。

　　*どっちもどっち
　　どうせ「どっちもどっち」なら、「踊らにゃ損、損！」ですので、"やってみたもの勝ち"です。何に対しても言える事ですが、すべて「経験してみなければ分からない」事だらけなのが「この世」です。もし、バカにされるような事でも、それをしている本人の身になると、「なかなかやめられない何か」があるのかもしれないですね。知ったかぶりや分かったふりをして他者を見下していると、いずれは『カルマ』として、「あなたの問題」となって浮上して来ます。「どんな人生であれ、人生に"損"はありません。しいて言えば、やらない事が"損"です」。しかし、"損"をして生きても、もちろん良いのです。

2007.03.15 17:39
（４）自立の精神

「相手の思い」と「自分の思い」との違いは、大体において「温度差」があります。
その「温度差」をすばやく感じ取れる感覚は、互いの空気を"温かいモノ"にします。
それが、『＊思いやり』でしょう。
　＊思いやり
　　相手に対して、自分の"心の面"が、向き合っている時に出て来る『心の波』です。

この＊『思いやり』は、四次元の"波"から出ていて、お互いの感情の調子を整えてくれます。
お互いが旅（人生）の道連れの「同士」として、♯（シャープ）になったり、♭（フラット）になったりと、忙しく「心の波の中心」を調節し、『共存』し、協調しようとするのです。
　＊思いやりは、四次元の波
　　この「四次元の"波"」は、"魂"から発せられる愛のエネルギーなので、「お互いに同じ"心の面"を表に出して向き合おう」と、常に努力を心掛けています。これが「同調」で、"魂"は他と一体化を望む"大きな心"の分派の"個（＝子）"ですので、『肉体の本能』とは、反意な『"魂"の本能』というべき特徴です。この特徴を、ここでは『共存』と呼んでいます。

ところが、この『共存』、ここ五次元にまで上って来ると＊"お互いに認め合う意識"＝「精神的な自立」へと変貌します。
　＊お互いに認め合う意識＝精神的な自立
　　四次元に住む"魂"は、左右横の動きに引き合う"汲"＝「水の動き」の連鎖に"飲み込まれて"しまいがちですが、この「五次元の意識」では、「火の動き」に導かれ、"上へ伸びようとする"躍動的な動きに変化します。この「精神的自立」する力が、「お互いの進化」を助長していけるのです。

この"お互いに認め合う意識"=「＊精神的な自立」ができてしまうと、嫉妬・妬み・憎しみなどからの"悪意"がなくなります。
「お互いへの"悪意"がなくなる」という事は、戦争やテロを起こす"動機"がなくなる事を意味します。

 ＊精神的な自立
  前述の通り、「互いの進化を助長する事」を優先する"五次元の意識"では、足の引張り合いで盗られる「無駄な時間」を許しません。
  当然ですが、「自分の思う『意志』を言葉としてハッキリと相手に伝えられる」、これも"五次元の意識"で生きる人達の特徴です。より"アート"な「生き方」と言えます。

ここ、「五次元の意識」と同調して生きる「"心"の姿勢」の素晴らしさは、＊本来あるべき姿＝「自立の精神」を獲得できた証明です。

 ＊本来あるべき姿＝自立の精神を獲得
  この状態で、ようやく「人」は「お互い足の引張り合いの人生」から卒業し、互いに相乗効果を発揮して、共々さらに向上して行（生）ける関係になります。「三次元の意識で過越す人間」達は、この「自立の素晴らしさ」を知らないから、足の引張り合いをしているのです。
  もう一度言います。「三次元の意識で過越す人間」達には、この「自立の精神の素晴らしさ」が分からないから、お互いの足を引っ張り合うのです。『真理』を知れば知るほどに、誠に勿体ない振る舞いをしていたのです。

2007.03.15　17：52
（5）『言霊』の現れる世界
『自己実現できる世界』……、それが、この"五次元"という階層でした。
おまけとして、"私"がこうしてお話する「＊言霊の世界」、その「元」が生まれる場所もここ"五次元"です。

 ＊言霊の世界
  「言霊」とは、「"言葉"が『命』を持っている」という発想から来る考え方

です。実際に「"気"の世界」では、アリアリとその「言葉」がエネルギーとして"生きている様子"を観察できます。
　これも、「五次元の意識」で生きられると、常時この視野（ビジョン＝「映像」まで見えるかについては人それぞれで、何とも言えません）を感じ取る事が出来、色んな比喩的表現としての例え話が、説得力を持って他者へと伝えられます。『文学』とは、この「言霊」の『命（エネルギー）』のお陰で、皆様の"心"に火を灯す学問です。

五次元の深い森の奥地に『＊静寂の泉』があります。
　＊静寂の泉
　"五次元の意識"へと向き合い、心を鎮め「神経」を研ぎ澄ませて行きますと「バランスの壁」にぶち当たります。この「バランスの壁」は、『言霊』のエネルギーの重さの比重に極めて敏感に反応する"心"で出来ています。丁度、高山の頂上へとアタックする「ロッククライミング」と似ています。どんな「単語」を発したとしても、それに伴う感情移入が激しい場合、発した「単語」の重さで自分の身体のバランスが崩れてしまい、登り続けていられなくなる…という具合です。
　一つの例を上げると、「平和」と言う言葉を持ってロッククライミングする事は、簡単に登頂に成功するかも知れません。が、「戦争」と言う言葉を持つと、"心"にどちらかへの憎しみが発生し、それにより穏やかさがなくなり、精神のバランスが崩れ、ロッククライミング中に落下してしまう…というモノです。
　このように「静寂の泉」までの道のりは、少しでも感情のバランスの比重が変わると、「自分の意識」が傾き、それにより感情に波が立ち"心"が揺すぶられ、コースから落下してしまう、超上級者向けロッククライミング・ルートです。
　『静寂の泉』までのルートをご紹介しましたが、『本物の言霊』を見定めるためには、『静寂の泉』の湖面中央まで行き着かなくてはなりません。『静寂の泉』湖面中央にたどり着くまでの「湖面」にもやはり試練が待っていて、「湖面」に写す冒険者の"心の波"は、とても敏感に反応を「湖面」に伝え、波として「湖面」を振動させ、『本物の言霊』を見得(みえ)なくしてしまいます。
　また、他者の"心の波"が良く観得(みえ)たからと言っても、それを本人が上手に単語として表現できるわけではありません。ここがとても難しいところなのですが、やはり一つの「単語」を知るためには、"心"の「経験」が必要です。人が、人生の経験を幾つも積んで、何事にも動じなくなった強い"心"を持っ

た時、見得ない心の「高い壁」が取り払われて、目の前の『静寂の泉』がやっと語りかけてくれるのです。

この『静寂の泉』、ここに来れば、＊言霊の発祥"音(オーム)"が聞こえます。
 ＊言霊の発祥、音(オーム)が聞こえます
  人間の"心"の前に、「壁」が存在する時、相手の"心"に浮かぶ言葉（＝本心）は観得て来ません。しかし、たくさんの経験を得て、己の心の「壁」を乗り越え、誰の"心"の前からも垣根がとれた時、あの『静寂の泉』から、ありとあらゆる存在（自分自身も含め、自分以外）からの"心"の「声」を受け取れるようになります。これも一つの『超能力』と呼べるでしょう。
  その『静寂の泉』で奏でられている小さな「音」が、「おー……ん（または"む"）」と響いています。

万物、どんなモノとも争わず、受け入れる静かな"心"を築き、その ＊"心"の奥の奥まで、精神の糸をたぐって行き着いた所に、この『静寂の泉』が待っています。
 ＊心の奥の奥まで、精神の糸をたぐって行く
  私達は、大抵の場合、自分の歩いて来た道を、何となくですが「覚えている」ものです。その「覚えている」という作業は、「意識の"糸を張り巡らせた"状態」です。難しいですか？…「脳内のシナプス」と考えてください。
  "意識する事"を『意図』と言いますが、その『意図』が"気"の世界"で観る「言霊」で表現しますと、『糸』の形状となって様々な事象を繋ぎながら記憶として生きているのです。私達「人」は、"光"の世界からこの『糸（＝意図）』を手繰(たぐ)ってこの世へ降りて来ているのです。
  『シルバーコード』……「私達人間の一人ひとりの頭上には、天から伸びている"銀の糸"が存在している」……こんなお話は、この発想から来ています。この"銀の糸"は、元を辿ると「月からの発祥物」です。

この『静寂の泉』からは、本来の言葉の意味が浮かんで来ます。
こんな出来事は、信じられませんか？

もう少し、信じられないお話を続けさせてください。

『静寂の泉』……、そこは"龍神"の住む「＊龍神池」とも呼ばれています。
「龍神池」から浮かび上がる「"心"の波の"音"」。
その"音"は、空気中をクルクル回りながら下に降りて、水面にスルスルと"線"を描く。
これが、「言霊」＝文字や単語の正体です。

> ＊龍神池
> 日本各地にこの名の付いた池がありますが、"龍神"とは、火と水（火水＝"神"の似姿）を操る、この世では一番力強い「精霊」で、神の御使いです。
> 実際の"龍神"は「言霊の意図（糸）」を手繰る"爪"を持っています。この"爪"は色んな事柄に使えますが、主に人間の意識や物事の道理など、あらゆるモノを「浄化する力」をも、持つ"爪"です。
> その"爪"で描かれた線からは、その者の「真実の姿」を映し語り出します。それを「本心」と呼んで居ます。その「本心」が汚れている時、その人の"心"には、"爪"痕がハッキリと残り「痛い思い」を抱きます。
> それを取り繕おうと言い訳をすると、余計に「醜い姿」が浮彫りにされます。ですが、龍神に残された爪痕から、正しい「智慧」の描かれた「お札」が顕われます。その「お札」には、浄化のために必要な「真実の言霊」（真言）が記されており、その「真実の言霊」（真言）を素直な"心"で受け入れられ、認められた場合、"心"の汚れがキレイサッパリと取り払われて、その"傷跡"が見事な「栄冠」（輝き）に換わってしまいます。……これが、一つの"悟り"として、己の"魂"に刻み込まれます。言霊には、こうした龍神の力が込められているのです。それを日々使っている私達は、知らず知らずに傷付き、少しずつ気付きながら生きています。
> この一連の作業を「磨きが掛かる」と、皆様は表現しています。
> 本当に信じられないお話ばかりですが、しかし、"私"も命を掛けてここでお話しさせていただいていますので、どうか、よくよく考慮していただけたらと思います。

そこから先は、何かの機会に、またお話させていただきたいと思います。
では、「おまけ」として、"音霊五十音"の一字一字に込められた意図（糸）を紹介して、この"五次元"の章を締めくくりたいと思います。

2007.03.15　18:06
（6）＊『音霊』50音
＊言霊50音
　これは、「文章」では表現できない「一字一字の"音"の持つ秘密」を、その"発音"で感じる『音霊』として説明しています。「音」とは、発音した際に、表に出て来る"波"の調べです。それから"韻"とは、その発音された"波"の中に隠っている意図（糸）を示しています。

まずは、母音の「あ・い・う・え・お」の「音」エネルギーをイメージしてください。

＊あ……力強く、縦上方向「↑」に伸びる「音」。
"意"を上に向かって解放する"韻"。
　＊あ
　「あ」を感情的に表現すると、その「音」は、天の在る上方向へ抜けて行きます。この事から「あ」は、上へ向う方向性を持つ音霊（＝音エネルギー）となるわけです。
　「ああ、神様！」と、思わず発する「音」ですね。この「あ」の波長は、チャクラの「五次元の扉」に対応しています。

＊い……耐える、横方向「ー」の伸びが少ない音。
懐（ふところ）に秘める"韻"。
　＊い
　「い」は、本解説書『起』の巻で散々ご説明しました、"意"を込めて発する「音」です。さらなる奥へと向かう「音」は、「ひ（秘）」となり、遥か遠くに"火"が灯る"余韻"を感じます。
　この「い」の波長は、チャクラの「四次元の扉＆"魂"」に対応しています。

＊う……詰まる"点"（・）の「音」。
真ん中を分ける"ぶ（分）"の"韻"。
　＊う
　「腑に落とす」の"腑"の母音が「う」です。「物事の流れ」が、行き場を

失って詰まる状態、その「音」は「う」と発します。
　私達の"運"命により世に"運"ばれ、到着した場所が「母の子宮」。その時天から授かった"意図（糸）"を携えた我らは、各々がそこ（各家庭）に「"運"で着き」……やがて、この世で得られた生命力も、とうとう遂に尽き果てて、それがこの世の「"運"の尽き」、これが我らの"死"の定め。これらの感情の波の行き場を失くした「音」が、「……うっ」と聞こえて来ます。腹を打たれた時の声も「うっ！」と詰まり、我慢する鉦……お粗末様。
　この「う」の波長は、チャクラの「三次元の扉」に対応しています。

＊え……横方向「＼」に反（そ）っくり返る「音」。
反発するエネルギーの"韻"。
　　＊え
　　この広い宇宙で「物質界」が発祥した由来は、この「˙え」を発音したから」です。この反転する「え」の「音」の響きは、「何に対しても疑う"意識"（＝信じない）」。
　　つまり、"光"の意識では考えの及ばない、ねじれた反応です。このねじれた反応が、とても「貴重な意識」なのです。"暗闇"から発せられた『真実』（これが"光"）を見つけられない者から発せられるこの『音霊』、これが生まれてやっと人間は、初めて『意識』を掴む事ができました。"私"は、ふざけているわけではありません。とてもありがたい「音」が、この「え」から来る響きです。誰かに反発したい時、必ず発する"心"の声「え〜っ！！」……これは、未熟な人間の本能、「神を受け入れない（"信じられない"←分からない）"心"」から発せられる"未熟な心理"を物語ります。この状態を初めに味わって、やっと「人間から人への進化へ」と向かう旅が始まるのです。
　　この「え」の波長は、チャクラの「二次元の扉」に対応しています。また"二次元の意識"にこだわる「えー！」が口癖の人達は、同じように"好き嫌い"が多く、我がままであるのも特徴的です。

＊お……地に向かう縦下方向「↓」の「音」。
深い連鎖の"韻"。
　　＊お
　　「感心した気付き」、「深い感動」、「驚き」、「あまりある感謝の念」等々、これらすべては「お」の「音」エネルギーで、常に足元からやって来る「音」

の響きです。涙する物語りから得る感動は、つい「おお…っ！」と発して、やはり下方向へ「音」を返してしまいます。
　この「お」の波長は、チャクラの「一次元の扉」に対応しています。

　＊あいうえお以外
　　「何故六・七次元に対応する音霊がないのか」……六次元では、「音楽」という「音」が変化するエネルギーの流れがあり、物質界に近い「固い音霊」は存在できません。
　　そこから上の七次元では、「音霊」自体が存在できません。在るのは、安心・信頼・許し・寛容・偉大なる愛……など、これらの空気から響いているモノ……とでも表現しておきましょう。ここでは、すべてが"インスピレーション"で「感応し合う状態」です。もし、皆様がここへ来られたとしたら、ただただ「感嘆の涙」しか出てこないと思います。それくらい、愛と感動の満ちあふれた世界です。

次のか行からは、50音「行」からなる「意」の"韻"エネルギーを、母「音」とプラスしてイメージしてください。
しかし、ここですべてを語れるわけではありません。
わずかな参考例として、お聞きください。

　＊か行……風⇒"斬る"、火⇒"浄める"、などの"韻"。
　　＊か行
　　　「火・切・苦・化・固」
　　この「か行」の響きは、"かぎ爪"で引っ掻かれた時の"傷付く"様子を、その"痛い"傷跡は、『磨かれた跡』を映し出します。また、"剣"から『斬り裂く』意図を持つエネルギーも与えられた、力強い「音」です。
　　「かきくけこ」の音霊は、引き裂き、浄化する力と「あいうえお」の持つ方向性が相絡まって、これら切る"響き"となって「心」に刻み込みます。

　＊さ行……静⇒"静観"、"風"⇒"去る"、などの"韻"。
　　＊さ行
　　　「差・刺・素・静・早」
　　この「さ行」の響きは、"意識"が流れる、……つまりは"過ぎ去る姿"や

"冷静さ"を「心」に映します。また、視点を変えると、この音霊の力は、"風"から『時を刻む』意図を持つエネルギーが付加された、勢いのある「音」です。
　"さ"ける、"し"る、"す"べる、"せ"める、"そ"る……これらの"空気"を意識して見つけようとする時、「自分の意識＆心」にしっかりと刻まなければなりません。その際、"時の風"を利用して"かすり傷"を付け、「自分の意識＆心」にその音の響きでもって植え付けようとするのです。
　「さしすせそ」の音霊は、それらの意識プラス「あいうえお」の持つ方向性で、時間と共に流れる風を携えて、心にしっかりと"響きわたる"韻となっています。

＊た行……田⇒"耐える"、土⇒"広がる"、などの"韻"。
　＊た行
　　「田・地・都・手・土」
　この「た行」の響きは、土地や地場と言った「地」から来るエネルギーが、他への広がりを見せる様子を言い当てています。土地に根を張る「木」は、「天からのエネルギー」を地の底へと下ろし、根を張る事で「神」をこの世に現した表現体です。この地で長年生きた木々を「御神木」と呼び、「畏怖の念」を抱かせる存在で、正に大きな精霊の住む"神"としての「御柱」です。立つ、契る、続く、手配、届く……地から来る、根から繋がったそれぞれとの関係を、"心"から敬い合える気持ちで知ると、「責任感」のようなモノが湧いて来ます。その「責任感」を持った者が、土地や建物、農地などを与えられて、より大きな仕事を果たしていくのではないでしょうか。
　そのような「他」との繋がりを、意識しなければならないモノが、プラス「あいうえお」の持つ方向性と絡む事で、この「心」に広がる「た行」の響きと成っています。

＊な行……荷⇒"乗る"、念⇒"粘る"、などの"韻"。
　＊な行
　　「名・煮・塗・根・納」
　この「な行」の響きは、「納豆」「何？」「ねぇ…」など、その粘着形体で「心」や"意識"に付着させる事で記憶する音の響きを表しています。砂糖の甘みの"ドロッ"とした後を引く性質、また粘着してはびこる性質で、他を支えたり、他と付着し、添えたり、なぞったり等々をする経緯が、このエネルギーを発生させています。これらが、あらゆる物事をしっかりと引き寄せる力＝

「引力」となります。"縁"を作り出すのもこの「根の引力」（＝念）のお陰です。その「引力」エネルギーを発展させる音が、プラス「あいうえお」の持つ方向性と絡み合い、この「な行」の響きとなって「心」に残ります。

＊は行……腹⇒"吹く"、息吹⇒"発する"、などの"韻"。
　＊は行「吐・引・吹・屁・補」
　　　　　（は・ひ・ふ・へ・ほ）
　　この「は行」の響きは、「はぁ～」と、息を吐く「小さな感情」を表現する弱い"韻"エネルギーです。また、この「小さな感情」は、"心"の細やかさやこれから発散されるエネルギーとなる"元"を作る、"切っ掛け"＝「発信する音霊」を表現しています。それを色々なモノへと発展させるモノが、プラス「あいうえお」の持つ方向性と絡み、この「は行」の響きとなって、「心」の発する切っ掛けを作ります。

＊ま行……満⇒"貯まる"、未⇒"甘える"、などの"韻"。
　＊ま行
　　「魔・未・夢・女・茂」
　　　（ま・み・む・め・も）
　　この「ま行」の響きは、「時間の経過・有無」を示す「韻」が表現されています。「果実」が実るまでには、「時間」が必要です。「"ま"だ」、「"未"熟」、
　　　　　　　　　　　　　　　　　　　　　　　　　　　　　　（み　じゅく）
「"も"う熟れた」……等々。その「果実」が実る「間」に掛かる時間を表現している「音」が、この「ま行」です。それを発展させる力を持つ響きが、プラス「あいうえお」の持つ方向性と絡み、この「ま行」の響きとなって、「心」に時や空間の感覚を魂に刻みます。

＊や行……矢⇒"貫く"、"＼↗︎→"⇒"放つ力"、などの"韻"。
　＊や行
　　「矢・油・予」
　　　（や・ゆ・よ）
　　この「や行」の響きは、勢い良く放たれる『矢』が、距離（＝時間）を通して「心」を貫く"韻"エネルギーです。また小さく発音する、他の文字を修飾する「音」は、"飛ぶ"、"立つ"、"放つ"、"流れる"動きを表し、さらに「広いスペース」を連想させ、より広く行き渡る"韻"を表現しています。それを発展させたモノが、プラス「あうお」の持つ方向性と絡み合い、このや行の響きとなって、互いの「心」を貫き通します。

*ら行……等⇒"音"を"楽しむ"、ラ⇒"弾む"、などの"韻"。
　*ら行
　　「裸・理・流・鈴・路」
　　この「ら行」の響きは、「音」を遊ぶ"心"、楽しむ"心"、味わう"心"、それらの"韻"エネルギーがこのラ行で表現されています。その深い味わさは、"心"の奥底に潜む悲哀を憂う様でいながら、なかなか常人では理解出来ない「"魂"の根源」から来る「音」を楽しんでいる人間の本質に潜む『真義』、その理解し難い"韻"を発展させたモノが、プラス「あいうえお」の持つ「音」の方向性と絡み合い、このら行の響きとなって、「心」を楽しませています。

*わ行……和⇒"合わせる"、輪⇒"広がる"、などの"韻"。
　*わ行
　　「環・和・輪・を」
　　この「わ行」は、『和』となり丸くなる、また「心」を繋いで集まる"韻"と、『"ALL"＝全て"を"』と、「心」を合わせる"韻"の響きとなっています。それを発展させるモノが、プラス「あ・お」の持つ方向性と絡み、この「わ・を」の「音」の響きとなって、「心」に意識させています。

*ん　……"↗↘＝↘↗"⇒"ジャンプする"、"飛躍する"、の"韻"。
　*ん
　　この「ん」の響きは、「50音」を全部まとめ上げた「終る」"韻"の響きであり、それと同時に、次の「始まり」の意味を持つ、底辺から勢い良く伸び上がる"韻"の響きとして、両極端な意味合いを持つ非常に豊かな「音」です。さらに、「始まりと終り」を集めた「・」点の凝縮した"韻"エネルギーが、集中的に詰った「韻エネルギー」を表現しています。「↗↘」……この矢印の発音通りの、また「↑↓」……こちらの矢印に回転を掛けた発音に、「ん」と表す文字の意味合いが、とても良く表現されています。この「ん」のお陰で、「心」に弾みがつき、人生に楽しみが生まれました。

*濁音……"か・さ・た・は"行＋濁る、などの"韻"。
　*濁音
　　「我・義・愚・牙・午」

「座・時・図・是・造」
「打・痔・づ・出・土」
「場・微・部・辺・募」
か行・さ行・た行・は行、これらすべての濁音を持つ"韻"の響きには、特に強調する"挑発的な響き"を乗せた"韻"のエネルギーとなっています。「心」に、より強い意識を生み出します。

＊半濁音…"は"行＋飛び上がる、などの"韻"。
　＊半濁音ぱ行
　　「波・品・分・片・歩」
　この「ぱ行」の響きは、明るさと軽さを強調する"韻"を表現しています。この韻を踏む事で、派手さも強調しています。

『言霊』の最後に……。
『言霊』は、神が与えてくれた人生のスパイスで、地球に生きる私達にとても有効に働く、見えるエネルギーとしてのプレゼントです。
自分自身の本質の姿を忘れた、五次元以下の意識で同調する私達にとって、この「言葉」という『音霊』は、常に私達の「心」に刺激を与え、不確実な"魂"を認識させてくれるありがたい"道具"です。
天界……それは「言葉」を超えた"愛"の世界です。その"愛"を学ぶためにも、この『言霊』は、この世ではありがたい"武器"にも、"道具"にも、そしてエネルギーにも変身できる、不思議な力です。
……神に感謝！

第8章　酔う世界＝二次元
"子宮"……私達の故郷へ通じる回路

2007.03.16　15:18
（1）大海原と活火山からの出入口
＊私達の生命の源は、『天と地』にあります。その『天と地』からの回路の出入口が、"子宮"です。

> ＊私達の生命の源は天と地
> 「生命の源泉」としての『天』を、『シャンバラ』と呼んでいた人がいました。『シャンバラ』とは、直訳すると"月"です。『地』は、「マグマの溜り場」としての『地核』です。それをその人物は、『ロゴス』と呼んでいました。『ロゴス』とは、直訳すると"太陽"です。

＊母の象徴"子宮"は、諸々の生命を生み出す源泉の"河口"です。

> ＊母の象徴「子宮」
> 一言で"月"と言っても肉眼で見る"月"は、"引力"で地球の「海の波」にしか影響を及ぼしていないように言われています。ですが、私達自身の原型＝霊的環境から観ると、"太陽"が"命の種"（＝火のエネルギー）を与える存在で父親の役割を果たし、対する"月"は、その引力の力を通して海水へ働き掛け、羊水を与え、自らのエネルギーを子宮へと送り、「霊体」を作り上げる存在で、母親の役割を担っています。そのお陰で、地球で生きる「霊体」を設計図に起こし、「肉体」を作り上げ、生命体＝「人間」として育ちます。「へその緒」に関しては、第6章の最後で述べた通りです。

その河口（＝子宮）で私達は、心身（＝霊体）を育て、肉体を育てるのです。
私達は、皆平等に、心身（＝精神＆霊体）と肉体を『天』から賦与され、下界へと旅立ちます。
それは大いなる旅立ちであり、『天』からの"巣立ち"でもあります。その、つかの間の巣立ちで＊十月十日の時を経ながら、"あなた"の

"魂"の内部に潜む「潜在意識」に色んなモノを刻んでいます。

　＊十月十日の時
　「十月十日」とは、「大きな一月(ひとつき)が十個と、小さな一日が十個」の集まりで、これが『朝』という文字を形成しています。正に、「人」が誕生するまでに要すると言われている期間です。この理由からか、赤ちゃんの誕生する時間帯は「朝」が一番多いと言われています。
　生命体（霊体）は、あの世（夜）から旅立ち、この世に朝（＝十月十日）生まれ日中を過越し、再びあの夜に帰る、その繰り返しを「月の満ち引き」に「1日の象徴」として、映して観ています。ある意味では、「夢を見ること」がその証明と言えます。
　「十」は、か「｜」・み「―」を現した文字と言いました。イエスの象徴「十」字架は、知らず知らずにこんなサインで「神」を示していたのです。

この小さな「お宮」の中では、この世で味わう「貴重な体験」のため、生まれる前にいた世界を忘れようと、＊「羊水」＝聖なる「忘却の"甘い水"」を飲み、暖かい太陽の下で海水浴をしながら、心地良い"心音"をBGMに、長い鼻（ヘソの緒）で呼吸の練習をしている胎児達が育っています。

　＊羊水＝聖なる忘却の甘い水
　「羊水」とは、まるで"羊"毛で覆われているような暖かい"海水"です。ここで「羊」の"音霊"を、漢字の作りで解釈してみましょう。
　「"羊"の水」から「人」に育つ過程は、命の種＝「火の子（＝粉＝個）」の＝「ゝ」前の部分が、「三」途の川の「｜」＝中道を下って、二つの個（男女性）に別れ、「ゝ」が吸収されてなくなり、「人」になりました。ここで使用した「子・粉・個」は、同じ「こ」の"韻"の響きですが、敢えて意味合いを込めて、このように"漢字"を使い分けてみました。
　どうか、甘い（＝羊羹(ようかん)）この「羊」の人時(ひととき)を感じて水(み)て下さい。

これは、ほんの"夢のひと時"のはず。
そして、この世へと生まれ出て、一人で、外を歩き出し、やがて大人に成ったある日、
何気なく歓楽街を通った"あなた"は、不意に、"懐かしい"と感じ

る騒々しい音（母の体音）に誘われ、甘い水（＝酒＝母の羊水）に酔いしれ、生温かい温度に包まれた時、"あなた"は胎児時代、穏やかに過ごした「あの時間」を感覚的に思い出す。
そして、ついつい、誘われるまま、流されるままに身を任せ、身を躍らせて、その「時」を過ごし、いつしか"目覚めた時には"、老いて「何もして来なかった」と気付く（浦島太郎の一生）。
それが、「＊酔っ払いの人生」です。

　　＊酔っ払いの人生
　　　得てして『人間』が「本能」で生きる時、この「酔っ払う」楽しみを求めてしまいます。何事においても「固執」したり、「意固地」や「頑固」（霊眼で観ると、これは「甘え」で、固まると「焦げ」に変わり、こびり付いて剥がれない様子）になると、自分の欲望を抑えられなくなります。「ちょっとぐらい、イイじゃない～」などと、これにハマると「肉体」まで"甘え"、この"甘え"は、すぐにエスカレートし、カラメル状に焦げ付き、精神の流れをせき止めていきます。
　　　焦げは年輪（月日を重ねる）と共に、相当「頑固」にこびり付いていきますので、精神力や理屈で押さえようとしても行動が「停滞」し、心理的成長を遅らせます。同様に、成仏する気もない「邪霊」も動きが鈍いので、このような方々とすぐ同調を起こし、お互いに関係性が強く結ばれやすく、より綿密な間柄となり、「邪霊」を剥がす淨霊作業もとても難しくなります。

2007.03.16　15:56
（2）「酔っ払う」とは、"正気"でない事
"あなた"は、酔った経験は、おありでしょうか。
この「酔う」行為とは、"お酒"だけとは限りません。
例えば…。
　　きれいな"宝石（光）"に酔いしれる
　　美味しい"料理"に酔いしれる
　　麗しい"自分の姿"に酔いしれる
　　美しい"自分の言葉"に酔いしれる
　　素晴らしい"自分の頭脳"に酔いしれる

他者から"良い人（子、男、女）"と言われる事に酔いしれる
　たくさんの人から"先生"と呼ばれる事に酔いしれる
　他者から"感謝"される事に酔いしれる
　他者から"スゴい"と言われる事に酔いしれる
　いつの間にか集めた「物」に囲まれて、酔いしれる
　好きな事ばかりして、酔いしれる

少し視点をずらして、
　「かわいそうな自分」と、悲劇の主人公を演じる事で酔いしれる
　「貧乏な家に生まれたから、〇〇なんだ」と環境の所為にして酔いしれる
　「こんなはずじゃなかった」と、誰かの所為にして酔いしれる
　「病気の自分」に酔いしれる

と、まぁ、数え上げたら切りがないほど、＊たくさんの「酔っ払い」と、お知り合いではありませんか？

　＊たくさんの酔っ払い
　　先程、反転する音霊「え」でご説明致しましたが、"二次元の意識"で物事を判断する人達は、好き嫌いや能書きばかりが口を突いて出て来ます。すると、聞いている他者からは"嫌味"がとても鼻に付く、自称「グルメ」や「専門家」のような"人物"として見られます。これを『専門職』になさる方々の中には、二次元での生活を楽しんでいて、目に付く相手を攻撃するか、応援するか……の行ったり来たりの繰り返しで、悪酔いしているお方もいらっしゃいます。
　　しかし、率先して所見に精通し、多くの皆様のために活動なさっている「専門家」の方々も、もちろんいらっしゃるので、すべてのバランスは取れているのかも知れません。ですが、先の"嫌味な人物"を天界から観ると、熟して"腐る"寸前です。彼らの放つ異臭が周囲の方々の鼻に付き、誰もが相手にしたがらなくなった時、ご本人は自らの「行い」に気付くのでしょうか。それとも……。

2007.03.16　16:25
（3）「酔っ払い」は、私達の分身。「光と陰」の部分
私達は、常に多くの「酔っ払い」人生を、いつも目の当たりにして生きています。
他者に対して何かを気付く時、知らずと"嫌気"がさして来る……。
しかし、自分の場合だけは、＊どういうわけだか『見失う』のです。
　　＊どういうわけだか見失う
　　　自分の好き勝手な判断が、霊的な三半規管や嗅覚を狂わし、マヒさせ、思考能力の低下を生み、他者と自分との立場に対し、中庸（中立な判断）な判断を欠き、よって個人的なバランス力（自立力）を失うのです。この「バランス力を失う」とは、「自分勝手を押し通したい」と思う"欲望"に負けた自分自身が、冷静（霊性）さを欠いたという意味です。
　　　『酔う』とは、正しい判断ができないだけではなく、「自分」という"我"の部分を大切に持ちたがる「本能」の力に流されている状態です。誕生前の「志」を、どこかへ忘れて来てしまったかのようです。

耳が痛いですか？　もう少しお付き合いください。

私達は＊「自分の姿」を絶えず"他者に映して"観ています。
自分の"分身"とは気付かずに。
　　＊自分の姿を絶えず他者に映して観ています。自分の分身と気付かずに
　　　例えば、"あなた"が一番嫌いな人物に、「"あなた"の持っているバッグは、趣味が悪い」と言われたとします。その場合の"あなた"の反応は「やっぱり、何て失礼な人かしら！」と、相手を余計に嫌うでしょう。しかし、その前に相手に向かって"あなた"が先に「失礼な事を言っていた」のかも知れないのです。"あなた"の"無意識"のうちに。そして、"あなた"が相手に対して「"無意識"的に、それを言わせていたのかも」知れないのです。
　　　"あなた"が、「この人、嫌い！」と相手を決めてしまった「第一印象」時に思う事は、"あなた"の中の「本性」を相手の表面に映し出して見ているだけです。"あなた"に問題が無ければ、相手に対して嫌な思いは浮かばないのです。逆から言えば、"あなた"の問題を映し出してくれている"鏡"がその相手なのです。素直な気持ちでこの事に気付けたならば、とてもありがたい"ご縁"があって、「気がつかせてくれて、本当にありがとう」という、「感

謝」しか出て来ないものです。
　このような謎解きは、本来は自分の内心で実行していただきたい事ですが、"私"が行う少人数の勉強会で、五年間もこの件に関してお話して来ているにも関わらず、未だに「分身」の意味がわからない人達がいました。最近、ようやくその言葉の意味を理解してくれたその方は、"私"の言葉の成長ぶりを、その身をもって教えてくれた人でした。
　どんな人を目の当たりにしても、それは"あなた"自身を映した「鏡」なのです。神（火・水）の間に"我"が入る「火我水」、これも神からのプレゼント、お互いが「鏡」（八咫の鏡……「三種の神器」の一つ）の正体です。

自分が酔っている姿は、誰でも"否定"したいものです。さらに、嫌な自分の姿を、鏡を使って見ようと思う人はなかなかいません。

しかし、"あなた"が他者にその姿を観る時、"あなた"は自分を戒められるのです。
あなたの出会った「相手」の姿は、自分の"身代わり"で、実はとてもありがたい存在＝自分自身の＊目を"覚まさせてくれる"教師なのです。

　＊目を覚まさせてくれる
　　「酔っ払い」状態の人は、なかなか自力では目覚められません。「良い人」をしている場合は特にです。その酔っている程度にもよりますが、「目覚めた」と自分では思えたとしても、「酔っている状態」はとても楽しいので、一時は抜け出ようと思ったとしても、また"泥沼"へといつの間にか戻ってしまいます。本当に、目覚めの遅い、「進化の道」から一番遠くにいる人達です。このような状態から抜け出すためには、「相当な決心と覚悟と精神力」が必要ですが、重症の場合、自力ではなかなか難しいので、周囲の"愛情"も不可欠です。

ここでは、"嫌気"や酒気という、キツい臭いだけでは済みません。目は濁り、視点は定まらず、耳も「聞く耳持たず」に、五官や五感もキチンと機能しない様子で、"他者の助言"にも耳を傾ける事はできません。

正に「全身＊泥沼にハマっているか？」のように、そこから抜け出す事は不可能に見えます。

 ＊泥沼
  通常の物質では、"土"の水分をたっぷり含んだモノが『泥』ですが、霊的な物質でも『泥』は、存在しています。その霊的な『泥』は、主に自分自身の精神が「酔っ払っている」状態で作り上げていて、この『泥』を自ら出し続け、やがて自分自身が作り上げた『泥沼』に埋まります。そこは、まるで泥温泉に浸かる気分でいられるため、ご本人達は全く気付きません。その様子を他の次元から観たら、恐ろしいまでの「汚水」で、「とても気持ちの悪い状況」です。ご本人達は、気持ち悪いどころか、その「『泥』を他者に飛ばしては喜ぶ」(相手にケチや文句を投げ付けては、自分を正当化する姿)という、趣味の悪い生き方をする傾向も後を絶ちません。
  そのような『泥沼』を「チョコレート」に例えてみましょう。「チョコレート」が好きな人は、味も匂いもお見掛けも、何から何までお好きでしょう。好きなればどんな物にも目を瞑れる、「人間」はそんな素晴らしい特性を持っています。さらに、下から張る根ッ子という「根性」までもが、とても力強い方々がたくさんいます。文句の付けようがありません。
  しかし、不思議な点があります。土と水(油)をこねて『泥』は作られますが、その『泥』から"器"が出来上がるのです。あの『霊格』と呼ばれる"器"の事です。『霊格』は、壊して作り、壊して作りの連続で、それでこそ「人生の醍醐味」です。「現実」という、この世ならではのお楽しみが「"あなた"の人生」ですから、どう生きても良いのです！

2007.03.16　16：45

（4）「酔っ払い」は、生きている人だけではありません

もう少し、怖いお話を続けさせてください。
この二次元にいるのは、私達の"分身"＝「人間」だけではありません。
さまよう霊（＝幽霊）達も、全員、ここに住んで居ます。
何故なら、＊「死後の世界」へ帰る事も、酔いで忘れてしまうから。
こうなったら、どうしようもありません。

 ＊死後の世界へも、帰る事を忘れてしまう
  チョコレート・重油・コールタール等々、『泥沼』を構成する「黒い脂の成

分」は、色々多々ありますが、この『泥沼』にハマった人生を過越した多くの方々は、「この世」に縛られ"浮かばれない"事も大変に多いのです。"浮かばれない"、つまり「浮かび上がれない」ほど『重たい』のです。これは、「思い」が霊体に残るからです。「この世」は、「あの世」ではありません。しかし『重油』のような重たい油分を、自分の肉体にも、霊体にも染み込ませて地上で長い間過越してしまった場合、洗い流す（浄化する）作業はとても困難です。

「酒は、百薬の長」と言って、少量であれば潤滑油となり、エンジンが回転数を上げて、色々なエネルギーとして活躍出来る事もあるでしょう。ですが、本来は重油ですので、大量になっては燃やしてしまわねば浄化にはなりません。その燃やす作業とは、恥ずかしい程たくさんの罪を告白したり、散々「相手をこけ降ろした罪」や「自分自身の犯した行為」を反省し、懺悔して回る事です。霊界へ入って天国までの道のりでは、どんな些細な事柄でも、相手を傷付けたり、バカにしたり、嘘をついて騙した『罪』を持つ限り成仏出来ません。必ず、その相手に謝罪へ伺い、霊体を少しずつ軽くしていくのです。これが、成仏への旅路です。

それが、プライドのためか、はたまた己を省みることのできない未熟さゆえ、素直に反省できない場合もあるでしょう。それでも、霊的『重油』に働く重力は、時が経てば自然と土壌に染み込んで行き、地に深く入り込んで、永い時間を掛けて、やがては燃え果てて消滅し、知らず知らずのウチに「あの世」へ帰ります。これも、辛い『地獄』へ堕ちた結末です。いくら『地獄』と言えども、やがては有無を言わさず、追い出されてしまうのです。

生きているうちに何とか＊きちんと学んで、死んで逝きたいものです。

＊きちんと学んで、死んで逝きたいものです

「"死後の世界"が必ずある」と信じる方々を霊的世界へ導く事は、そんなに難しい事ではありません。人は、自ら「描いた天国へ」と向って逝きます。そこが、本物の「天国」ではなかったとしても。本人は無意識のうちに、「他者をバカにしながら生きる」、または"霊界"なんか無い」と思って生きる方々を、「死後の世界」で目覚めさせる（＝"死"を認めさせる）事は、とてもとても至難の技です。結構ハードな地獄で、粋がった生き方をした本人が成敗されない限り、霊界で目覚めるまでに、相当な時間が掛かります。

どうか、霊的事実をきちんと学んで、他者をバカにして生きた罪を滅ぼしてから、死後の世界へ入っていただきたいものです。

皆様が、もしも万が一、"＊大事なモノ"を一つも持たずに命を落としたのなら、とてもラッキーです。
そのまま"魂"と共に、霊体も『天』へと上って行くでしょう。
ここで言う"大事なモノ"とは、家族、恋人、財産、名誉、名声、この世で成功したと思う「人生」、人から羨ましがられた「美貌」、若さ、何もしなかったという「後悔」、そして、"このままここに残っていたい"と思う「気持ち」等々です。
　＊大事なモノ
　　それは、"あなた"の生きている時に持っていた、"心"の「支え」だったかも知れません。しかし、それさえ、三次元だけで生きている意識＝「顕在意識」の"持ち物"です。私達自身は、"心"という一番大切な"持ち物"とは、切っても切れない関係です。"あなた"は、いつも一番大切な"持ち物"と一緒に歩いていたのです。それを思い出しさえすれば、「"持ち物"はすべて持っている」と自覚しさえすれば、自ずと守護天使が観得、その天使が天国への道案内をしてくれるのです。実は、その守護天使は、生きている時からずっと"あなた"のそばにいたのです。

2007.03.16　17:03
（5）霊能の共鳴
ここ「二次元」のもう一つの特徴は、霊的通路（子宮）があるので、先程から申し上げている＊「生きた酔っ払い」と「死んだ酔っ払い」が、同居してしまう階層であることです。
　＊酔っ払い同士が同居してしまう階層
　　「同居」……これは、一つの室内に何人かで一緒に住む事ですね。"あなた"の意識が自分を見失い、肉体を持たない他の"同居人"が想い通りに"あなた"の肉体を操作してしまう階層という事です。同居する場所は、"魂"の内部です。でも、"あなた"は他者（他霊）に操作されている事さえも気付かず、同調されています。それが"あなた"の本来の人格を、まるっきり別人へと"変貌"させていたとしてもです。

現代社会でも、「酒に酔う」と霊的に様々な＊危険な目に遭遇しますが、それも現実社会では「病気の一種」で片付けられてしまいます。

 ＊危険な目に遭遇
  "あなた"を守る守護天使が、直接手を下せる階層は、4次元まで。その4階に住んでいる時の"あなた"、つまり"魂"だけです。三次元＝3階では守護してくれている霊達が"あなた"を見守っていますが、その守護霊達も直接接触できなくなる領域、それが二次元＝2階から下階層です。それでも、"あなた"自らが改心して進化を望む場合、守護天使は頑張って"あなた"の"魂"に張り付いた『泥』を一生懸命取り除こうと努力しますが、その最中"あなた"自身も気持ち悪くなったり、頭痛がしたりと体に変調をきたし、「自分に嫌気が刺す」などの鬱的症状も現れ、"あなた"の志を下へまた押し戻そうとする「本能」が働きます。このように、一度汚した霊体を浄化するためには、辛い"好転反応"が付き物です。本物の「憑き物」が憑いている方が「楽に過越せる」、そんな風に「自我」は"誰か（＝本人）"を堕落させています。
  本物の「憑き物」、それら邪霊は、どこにでも存在していて、特に繁華街や人気(け)の多い場所には、引力から引き寄せられて大勢居ます。でも、そんな者共にビクビクしないようにしましょう。私達も、今死ねば、この「憑き物」達と何ら変わらず、繁華街をうろつき回るかも知れないのですから。「霊界を知る」事は、このような存在からご自身の身を守る事と、また同調しないように賢く生きられる事にも繋がるのです。"知らない"……無知さから、霊に対して"ビクビク"してしまう」のです。その「知らないビクビク」は、最も美味しい「邪霊の餌」なのです。「明日は我が身」と認識しながら、邪霊に負けず、強く生きてください。私達から発せられる「元気」という霊的"光"は、その者達から身を守る一番最強の特効薬です。

これは、＊霊的な目から見ると、とても残念な事です。

 ＊霊的な目から見ると、とても残念な事です
  一回でも"あなた"の霊体に邪霊が入った場合、それは"傷痕(きずあと)"（＝癖）になりますが、それさえも怖がらないでください。"あなた"は、"魂"という"光"から守られている霊体を持っています。そこに自信を持って居てください。その事実を、たくさんの皆様が「知らない」事も"私"には残念です。

パニック障害、うつ病、精神分裂病などの＊精神疾患は、この次元か

らやってくる病名なのです。

精神科医が『淨霊』を学ぶ時期が、もうそこまで来ていると思います。たくさんの幻聴・幻惑は、リンクして見せられている「別世界」だからです。

その『元凶』を取り去らなければ治りません。治療薬などは副作用を伴う気休めです。

　＊精神疾患
　　これらほとんどの精神疾患は、現在では、通常誰でも「元気ではない時」に罹る病名です。実際、霊的な目で見ますと、元気な時は"光"のバリアで跳ね返せますが、精神の流れの勢いが弱まった時、つまりこれが「元気を無くした時」に当たりますが、そこへ"幽霊"が"あなた"へ引っ掛けるかぎ裂き（痛手の原因）を見つけてはそこへフックを差し込み、糸（これが"縁"）を絡め、弱くなった"あなた"の精神の流れと同調し、"あなた"の"魂"に糸巻き状にして巻き付いて来るのです。逆に、向こう（幽霊）は気付かなかったとしても、"あなた"が幽霊を引っ掛けるフックを出していれば、誰かしらの糸が絡んで（まるで"魚釣り"のように）、"魂"に巻き付いておびき寄せてしまいます。
　　しかしこれは別段、恐い事ではありません。普通に、日々行われている「現象」＝『ご縁』だからです。実際には、ほとんどこの世の全員に、このような霊は被さっています。元気で過越せたら、その相手（＝幽霊……この者達は大体しつこく同じことばかり言っています）の言いなりにはならないはずですが、気分が落ちこむと、途端にその相手の言う事を無意識に聞いてしまうのです。「いつもの"あなた"ではなくなるのです」。これに関しても、「どうしても恐い」かも知れませんが、怖がる必要は全然ありません。命のあるもの、生きている者が、この世では一番"力"があります。死んでいる者には、負けるはずがないのです。
　　一つ、目安と秘訣があります。"あなた"が「第三者の幸せを喜べる状態」であれば、何も恐くありません。この状態でずーっといられたら、まず安心です。守護天使・守護霊の力を得られています。誰も"あなた"の中には入れない状態を作っているからです。ところが、"あなた"が「他者の幸せを喜べない状態（＝性格）」の場合、「どうしたら良いのか」をよく考えなければなりません。それを一つの目安にしてみてください。もし、「他者の幸せを喜べない自分」を"さびしい"、または"悲しい"と思えるのであれば、なんとかなります。そんなあなたの周りに多分居てくれている、あなたの友達や家

族の「自立した人の幸せ感」を、"あなた"の幸せ感」として味わってしまう"癖"を付けてみてください。悔しがる前に、「あなたは、どうして幸せなの？」と聞いてしまえば良いのです。そして、秘訣をもらえたら、もう"あなた"は何も恐くありません。あなた自身が輝き出し、"あなた"に張り付こうとする「泥」から、その"光"のバリアが"あなた"の身を守ってくれるようになるのです。

　また、本書の"私"の作品『守護天使の絵』からも、そのような"あなた"のお手伝いをするエネルギーが、絶えずたくさん放射されています。落ち込んだ時は、どうぞ"あなた"のお好きな『絵』を心行くまで眺めて、できれば話し掛けてください。もちろん、ドロドロな愚痴も吐き出してくれて構いません。「"あなた"を見守る天使」が本書から出て来る天使と同調し一緒になって、じっくり聞いてくれ、サッパリさせてくれるはずです。「こんな奇跡」を、世の中の皆様へたくさん起こす事も、"私"の仕事の一つです。

本当に、大変聞き苦しい話ばかりですみませんでした。
しかし、＊あるルールによって、手を繋げる領域が決まっている……
これが＊霊界の"真実"です。

　　＊あるルールによって、手を繋げる領域が決まっている
　　　皆様の手は二本あります。この「二本の手」は「霊界のルール」を表現しています。その「ルール」とは、"手で繋がる次元"を意味しています。この「二本の手」は、『人』として進化を目指しているすべての者にとっての手を繋げられる範囲を示しており、それは皆同じ条件です。だから、三次元に住むあなたの意識が手を伸ばせる範囲は、一つ上の四次元と、一つ下の二次元です。また、四次元にいる"魂"が手を伸ばせる範囲は、一つ上の芸術界五次元と、一つ下の三次元＝私達「人間」……という事になります。
　　　魂の進化が進み、器の大きな魂（六次元の存在の事）に成ると、この一つ伸びる手の効き幅が二つ先（またはそれ以上）の次元にも到達しますが、そのような大きな魂は、この世に多く居りません。（これも、地球のバランスにマッチする人数です）
　　　このルールで考慮すると、二次元に落ちた「人間」を助けられる存在は、守護天使や守護霊達ではなく、生きている我々「人間」だけ……となるのです。また、三次元の「人間」が、一次元に落ちた人間を助けるには、どうしたら良いか？　……これは、もちろん三次元の「人間」が、その一次元に居る者に手を伸ばす事と、一次元に居る「人間」が「助かりたい、誰か助けて〜」

と、求め上に手が伸びる事が、絶対条件として必要です。一次元に落ちている人は、後述するように「そこで幸せな人」も居るので、勝手な押し売りは出来ません。この理由からみますと、四次元＝"魂"に意識のある人も、二次元の人を助けられる事になります。他も、然りです。
「人」が手を伸ばして支え合う必要性は、こんな理由からも来ています。

＊霊界の真実
多分、この"私"は「この世界中で一番霊力の強い"人間"」です。天に存在する「霊界」からは"私"の姿は、とても良くはっきりと見えます。そのくらい極小の"光"の分子が広域に広がっています。それ（"光"の力の加減）を調節しながら生活し、皆様に迷惑を掛けない様に生きて来ました。"私"の描いた『絵』からは、邪霊達を退散させる力＝エネルギーが放たれています。ぜひ、皆様には、本書のこの『絵』を有効活用していただきたいと思います。しかし、あくまでも霊的な作用のエネルギーですので、それを「物質エネルギー（金銭目当てなど）として役立てよう」とした途端、"あなた"は…いえ、どんな方でも、非常に「痛い罰」が当ります。これは『真理』という"光"の世界からのお仕事なので、いかがわしい了見の者どもに、餌を蒔いているわけではない……という証明です。

2007. 03. 16　17：17
（６）『元凶』は、本人の"意識"
またまた、言い辛いお話なのですが、精神疾患に陥る場合、全部の『元凶』が「ご本人の意識の低下」です。
元々三次元に同調している肉体と同じ、意識が"元気な状態"であれば、『元凶』とは出会いません。
同じ波動に居ないので、"縁"として引かれ合わずに済むのです。
ところが、何かの憂さや心配事、悩み事などを抱え込み、それを手放そうとしない場合、どこかで『元凶』と引き合います。
この世は重力があるので、簡単に元凶に出会えます。
この際「気分転換」は、とても大事なストレス発散だけではありません。
健康第一、『元気』でいる事は、とても大事です。
しかし、病気になってしまった場合でも、違った面の"大事な何か"

を教えてくれるありがたいメッセージが、必ずあるはずです。
　『病気』になりたいとは思えませんが、＊『病気』を嫌わないで、「病気のサイン」に耳を傾けて生きる事が、より「健康」に繋がる生き方だと思います。

　「何事にも嫌がる程に寄って来る、だって地球は丸いから」……これは、冗談ではなく『真理』です。

　　＊病気を嫌わないで
　　　事実、『病気』は、「何も知らない『暗闇』で怪我をしたあなたを、そこから明るい場所へと導いてくれる"道標"」です。『病気』は、"あなた"を霊的にも賢くします。この世では、『病気』の概念が誤解されています。自分自身に牙を見せる『病気』は、嫌がれば嫌がるほど過敏に反応してしまい、余計な症状までも与えます。
　　　本来、この『病気』達から学ばせていただける内容は、個人個人にとって大変に貴重な体験になります。この世の素晴らしさは、「病気の存在する世界」だから、尚素晴らしいのです。天界では『病気』は存在しません。皆、誰もが「繋がった意識」しか持てないからです。『病気』になれるのは、「自我」の在る、貴重な「この世」だけなのです。

第9章　成功界＆地獄界＝一次元
ここは、＊誰でも落ち着ける"大きなフロア"です
> ＊誰でも落ち着ける"大きなフロア"
> 一次元内のエリアは、とても大きな空間で、そこへ幾つもの集団が存在し、点在している世界なので、あらゆる欲求からなる「世界の栄光と繁栄」も存在しています。

2007.03.18　0:36
（1）＊成功者
ここ＊一次元＝1階は、大きなフロアで、その中の「最も赤く光る"♯の間"」は、『成功者』達が住むエリアです。
> ＊一次元＝1階は、大きなフロアで、その中の最も赤く光る♯の間
> 広い目で見れば『最も赤く光る場所』も、リーダー（親分・ボスなど）の数だけ、たくさん点在しています。

この『成功者』とは、どのような方達への称号でしょうか。
これについては、ご本人の"自覚"が一番重要かも知れません。
他者から見たら、「あの人の人生は、成功だ！羨ましい！」と思われる方々もたくさんいるでしょう。
しかし、他者からでは、本人達の内心は「どう思っているのか」分かりません。
"私"は、ここで、自身を「成功者だ」と思われている方々を『成功者』と、呼びたいと思います。"あくま"でも、ここは自己申告制で……。
> ＊成功者の定義
> 「自己申告制で……」と言いましたが、自身を『成功者』と思わない方々もたくさんいるでしょう。
> ですが、この"私"から観た『成功者』とは、「野望に燃え、それを実現できた方」、また「現物的な目標を持ち、そこへ到達できた方々」など、自分を「スゴい」と思っている"すべての方々"を指します。本人達はそれを、「野望」とは思わないかも知れませんが、とにかく"オーラ"が真っ赤に燃え盛っ

ている方々は『成功者』です。
　ご自身で、「真っ赤に燃えている」と自覚される方は珍しいと思います。往々にして、自分自身のオーラの色を感じられる事は稀でしょう。しかし、本人達の「好きな色は」と聞くと、大抵の場合、自分のオーラと同じ色を「好きだ」と言います。
　ここで、"赤い光の世界"を、"こたつの中"と仮定して、思い出してみてください。
　"赤い光"の中では観るものすべてが"赤く"映り、長時間そこに居たら「"赤い光"の状態」が『普通』になります。そのうちその状態が、「"白"や"透明"と思える」ほど同調します。また同じように、"緑の光"の中にいれば、"緑の光"を「白や透明」のように感じます。他色の"光"も然りです。大抵の人々は、「自分を基準として"他者を観る"」ので、「自分から観た相手のオーラ色」を感覚的に感じています。「赤」から観たら「黄色」は白く観得る「世界観」となるわけです。これは、霊的感覚の『錯覚』です。多くの霊能者は、『霊的な錯覚』の世界に住んで居ます。何色かのサングラスを掛けている自分自身の姿には、ほとんどの人が気付かずに居ます。……だから、「自分は正しい」と思い込んでしまえるのでしょう。

　この赤い世界の方々のオーラの特徴は、とにかく"真っ赤"に燃えて活動されていらっしゃいます。とてもエネルギッシュです。
　そして、とてもバイタリティがあり、独断的な野心家です。
　また、時間が経過する毎に、周囲からも、自分の力を「スゴい！」と信じ込ませ、＊何でもできてしまう「錯覚」に陥り、深みにハマっていきます。
　　＊何でもできてしまう錯覚
　　私達「人間」は、何でもできます。自分で思い込みさえすれば、あらゆる「奇跡を起こします」。ギネスブックもそれを証明しています。
　　しかし、ここで申し上げている、何でもできてしまう「錯覚」とは、「独断的に実行し、他者への被害を考慮せず、"実力"さえ有れば、名誉さえ有れば、権力さえ有れば、"知識"さえ有れば、"金"さえ有れば……という感覚の『自己利益優先』の"意識"」の事です。

2007.03.19　19:17
（２）＊勝ち組
先程の『成功者』達のエネルギッシュさよりは少し勢いが劣りますが、勝ち組の方々もこの「"赤い"オーラ」に満たされ、安心してここに住んでいます。
この「赤いオーラ」に包まれている"意識"の方々は、他より"優れている部分"を見せつけては他を見下し、自分が「勝った」と、いつもほくそ笑んでいます。
『成功者』同様、この＊「勝ち組」意識の人達も、＊たくさんの人達を周りに引き付ける"引力"を持っています。
　　＊たくさんの人達を周りに引き付ける引力
　　　このように周りに引き付けられている人々を『取り巻き』と呼んでいます。「勝ち組」意識の人達は、『取り巻き』から「スゴい！」と思われる事でエネルギーを貰い、それを次の行動の活力（金銭面）とするので、『取り巻き』を多く作りたがります。次から次へと他者を誘う理由が、そこに観得ます。

ある意味面倒見が良く、他者を自分の支配下に置き、仕事を与える事で他から感謝を求め、また競争する意識で自分をより"燃やし"続けようとして生きます。
常に、他に対して自分の都合の良いように操ろうとし、積極的に努力する姿勢を惜しみません。端から見れば、とても努力家で、けなげにも見えます。
　　＊勝ち組
　　　"あなた"は勝負した覚えがなくとも、話し振りの中に「あなたの負け、私の勝ち」と、勝手にルールを決めてエネルギーを吸い取りに来る人達です。"私"は、真っ赤なオーラをした、自称「精神世界に住んでいる人達」をたくさん観ました。皆様、色んな「目に見えない情報」を教え合ったり、常にグループで集まり「○○の商品が良い。あの○○先生のお話は素晴らしかった」と、口々に○○先生をダシにして、内心の声では『「私」の情報はいつも一番スゴい！』と、いつも誰かと張り合っていました。そして、最後はお金にまつわる話題でした。当人の勝手気侭な独り言に惑わされ、付き合わされ

ている「金魚のフン」のような人達も同時にたくさん観得ました。ここも、一つの修行の場でしょうか。

2007.03.19 19:25
（3）負け組
いわゆる「負け組」の"意識"を持つ方々のフロアもあります。
絶えず、二番手三番手に甘んじていますが、「いつか、自分が一番に！」という＊"野望の火"を奥に秘める存在です。
　＊野望の火を奥に秘める存在
　　先程の『取り巻き』の中にも、このような方々がたくさんいます。また、独自で試行錯誤を繰り返し「いつか必ず成功してやる！」と、力強く意気込む方もいます。他にも、「一時の気の迷い」で付き合っている人達や、色んなパターンの「野望の"火"の燃やし方」があるようです。

そして、成功者や勝ち組のそばに"なり"を潜めて、相手の落ちて行く頃合いを見計らっています。
計算高く、クルクルと「狙いを見定める」＊皮算用でいつも頭が一杯です。
＊オーラは"暗い赤"一色で、ヘビの様にとぐろを巻いています。
　＊皮算用でいつも頭が一杯
　　この赤いオーラを持つ方々全般に言える事ですが、「捕らぬタヌキの皮算用」でいつも頭が一杯な状態に見えます。そして、浮かれているか、イライラしているか、ムスッとしているかの「三種類の表情」がコロコロと入れ替わり「顔色」に表れています。
　　一次元の成功者、勝ち組、負け組の方々は、この三つの世界を行ったり来たりして、「それぞれの立場がコロコロと入れ替わる世界」で過越しています。長い間同じポジション（位置）にいる方は、ごく一部の＊成功者の繁栄時代を築いた人達だけです。
　＊オーラは暗い赤一色で、とぐろを巻いています
　　この状態がヘビに巻き付かれている状態です。「人間」が、この世の『強欲』に目がくらむと、ヘビは、そのお手伝いにやって来ます。このヘビについては、この後『三毒』の項で紹介します。

2007.03.19　22:25
（4）＊敗者＆＊脱落者
「成功して、頂点を味わった人物」が、失敗・失望した事により引きずり落とされる場所……。ここ一次元は、♭な世界もたくさん「陰」に控えています。

> ＊敗者
> 「成功して頂点を味わった人物」が、引きずり落とされた敗者の意識も、広いこの世界のそこかしこと「♭なスポット」へ落ち入ります。これが、成功者の繁栄時代を築いた人達の負けて惨めな姿です。今まで赤くパンパンに張っていたオーラが、一気に空気が抜けてしぼんでしわしわな状態に観得ます。

また、競争意識に＊脱落した方々がハマる場所でもあります。

> ＊脱落者
> 敗者の抜け殻状態とまでにはなりませんが、競争意識に脱落した方々が持つ、落ち込んだ"意識"をここでは「脱落者」と呼んでいます。自分を『ダメな奴だ』と決め付け、野望の"火"の勢いを失った状態の者を指しています。

ここにおられる方々のオーラは、人気のない路地にある狭い場所のような雰囲気の中に居て、ひっそりとした……「砂山の崩れる"音"で視界がふさがれ、自然と＊冷や汗が流れて来る」……そんな、ただただ暗い孤独な世界。

> ＊冷や汗が流れて来る孤独な世界
> 都会に居ながら、廃墟と化したビルの中にポツンと取り残された状態です。「誰か近くに居るはずなのに誰も近寄らない」そんな"空気"をそこで味わっています。

2007.03.19　23:01
（5）＊落伍者
詐欺、強盗、殺人、麻薬、自殺願望、その他諸々、「やるか、やられるか！『己』以外は全部"敵"！」という、"砂嵐"が吹きすさぶ「荒涼とした世界」。
　　＊落伍者
　　　「世間の波に乗れない」人達です。「浮世離れ」とは違います。なんとなく自分自身を、「悪い」または「暗い」、または「黒」と思い込んでいます。「愛されている」事に気付かない、または「愛」に気付かない人達です。

ここは、『成功』への願いが、もろくも叶わなかった者達も陥る場所でもあります。自分のやる事はすべて正当化し、傲慢な意見を他者に押し付けては"威嚇"している者達の居場所でもあります。
とにかく、ここにいる人達のオーラは「真っ黒」です。
＊他の階層のオーラが触れると寒気が走るので、"違う気"の人達との「接触」を嫌います。ツバが上がって来る"気分の悪さ（第三者的な"悪意"を感じ取っている）"を絶えず味わっています。
　　＊他の階層のオーラが触れると寒気がしてしまう
　　　自分自身を「悪い・暗い・黒だ」と思い込んでいる方々にとって、同じ「色」以外の"色"と接触する事は、断絶感が生じ、その感覚を自力では止められない事も知っています。この状態は、もう既に『重病』なのですが、肉体的には「健康」に見えるので処置のしようがありません。ですが、やはり「精神的に病んでいる」状態です。周囲（それができる人、またその立場にある人など）が手を差し伸べない限り『犠牲者』が出ます。このような方々を放って置く事は、誰のためにもなりません。

「落伍者」にとって、逃れられず、または魅了され、＊ハマってしまう"ボス的人間"がこの奥に居ます。
　　＊ハマってしまうボス的人間
　　　後述する、黒光りの"オーラ"を放つ人達を指しています。

2007.03.27 15:41
（6）＊"己"を消し去った者
忘れてはいけない、もう一つの「真っ黒オーラ」が示す人間の"心模様"、『自分』を出さない（"我"を殺して生きる）人達が居ます。

＊己を消し去った者
誰にも逆らわず、誰の話も聞いていない、まるで「一人で夢の中をさまよっている」ような方がいます。"心"を外界から完全に閉ざしてしまっています。現在、このような方々は『引きこもり』化しているので、なかなか外ではお会いできません。"私"は、このような方々の気持ちが良く理解できます。現在「この世の社会の空気」が、作り出してしまった人間です。このような方々が、自ら「犯罪」を犯し、周囲が「皆で、何とかしよう」と思うまで、このままかも知れません。だからと言って、周囲が放っておいて良いのでしょうか。ただし、「自分の足で"立とう"と思う本人の『努力』」が最も重要です。

2007.03.19 23:11
（7）黒光りの"オーラ"を放つ人達
この"黒光り"している「オーラ」を持つ人達は、どこにでもいる存在ではありません。
ある種の＊「特別な威光」（＝自然に人を従わせるような勢い）を発しています。

＊特別な威光
前述の落伍者に対してボス的人間が発するオーラの事です。これは「威圧感」というのでしょうか。相手に対し「言葉にならない脅威」をもって、配下を牛耳る手法です。

＊黒真珠のような"鈍い光"。
この光に魅せられてしまうと、まるで奴隷の如く付き従ってしまいます。

＊黒真珠のような鈍い光
「魅惑の"光"」とでも表現しましょうか。もちろん、このオーラを向けられても別段気にしない人や、何とも思わない人達もいるでしょう。しかし、一旦この「魅惑の"光"」に魅了されてしまうと、酔っ払いどころか、一生目覚

めないような酔い方をしてしまいます。本人の"意識"としては「命も惜しくない」ほど、"魂"までも奪われてしまいます。これは、完璧な『洗脳』状態で、エゴイズムからです。

暴力的な集団組織の他にも、信仰宗教家やネットワーク販売ビジネス、自己啓発セミナーの主催者等々にこのような方々がいらっしゃると、大幅な伸び率で「組織」が大きく育ちます。
他者とはまるで違う「＊魅力ある"霊的芳香"」も漂い、多くの人達を絶えずその"オーラ"が魅了してしまうのです。

> ＊魅力ある霊的芳香
> 「魅惑の"光"」の実態は、この魅力ある"霊的芳香"です。本書『起』の中の『嗅覚』でも次のようにご紹介しました。
> 〔『匂い』とは、人を惑わせる魅力を持っています。私達はつい"無意識"に『嗅覚』の感覚で判断しています……。〕
> この"霊的芳香"の力（＝エネルギー）は、ある種の"偉業"を成し遂げられる人物＝「大器」しか出せません。"志高く"生まれついても、このような「大器」を持つ人物は、人生では絶えず『魔』に狙われています。生まれながら「大器」な方々は、人生において"魔が差す瞬間"がある事を、常に肝に銘じて生きなければなりません。"志高く"……ご本人は、そのように心付いて生まれているはずなのですが。

2007．03．19　0：15
（8）『成功者』の末路
ここ一次元に住む人達は、＊この次元で生まれたわけではありません。

> ＊この次元で生まれたわけではない
> これが「教育の大切さ」です。直接ご本人が受けた教育とは限りません。テレビや読んだ本の中の知識からの影響かも知れません。この一次元の世界（この場合『野望』を指しています）を、教育されずして「美味しい」や「素晴らしい」とは思えないのも事実です。往々にして「人間」は、自然の中で育つと、「発想」として動植物を見下したりはしません。「共存」する意識を持って育つからです。では何故、「見下す」発想や「自分以外はどうなっても良い」という発想ができるのでしょうか。それは、どんなに自然豊かな環境で生まれ育っても、そのような発想を促す「教育」が、心の中に築かれ

ていたからです。

「魅力ある"霊的芳香"」の源……「＊一次元の秘境」までは、ある存在（"悪魔"）の"手引き"がないと、なかなか辿り着けません。
　＊一次元の秘境
　　この「奥地」は、"人間が「人」として一番大切なモノ"を引き換えに出来た者だけが到達できる秘境です。"人間が「人」として、一番大切なモノ"とは一体何か。…これが『心』であり、"魂"です。
　　例えば、鬼のような振舞いをする方へ「悪魔に"魂"を売り渡した奴だ！」と言いますが、その通りで『心』を失わなければ、他者の"痛み"に対して鈍感では居られないのが、私達「人」としての"あり方"ではないでしょうか。

『成功している時間』だけが、この世界に居て楽しい＊「華」のひと時です。
　＊華
　　「華」の時代……。誰の人生にでも、「青春」や「花盛り」や「絶頂期」など、また食べ物で例えたら「旬」や「食べ頃」の時期があるでしょう。男女それぞれの人生にも、「男盛り」や「おとしごろ」と呼ばれ、自分では意識せずとも出て来る魅力＝フェロモンが発散される時期があります。虫の中では、この「華の時代」が極端に短い"虫生"を送る種があります。しかし、いずれは誰しも「冬の時代」がやって来ます。それを拒み、必死で何かにすがろうと「悪あがき」する動物は、"人間"だけです。そして、「冬」の到来を受け入れず、その「悪あがき」を止めない姿を『欲望』と呼びます。「花」は、散り時を知っていますが、「華」は、内面にあるモノなので、なかなか散り時を見極められず、『欲望』から『成功』に取りすがろうとしますが、その姿は、他者から観れば「醜い有様」です。
　　「違う視点」から、本書『承』の巻内で次のように述べました。

　　〔苦しんで、生きて良いのです。
　　　苦しむ為」に、私達はここ"地球"へ生まれて来たのだから……。〕

　　ここで申し上げる「華」とは、「苦」の真逆です。この「華」は、動物が持つ純粋な性質＝『本能』の意識では、"幸せ"と呼びます。成長した"魂"が、

この世の成長を遂げている場合、「華」が"幸せ"と願うだけでは、この世へ生れついた意味を為(な)しません。
　　ですが、小さな"魂"にとって段階的にどうしても必要な「欲求」が「華」です。この「欲求」としての「華」が、この世で与えられないと、次なるステップへ成長した証としての『カルマ』＝"果たすべき課題"が与えられないからです。

『成功』は『失敗の元』ですが、この次元では失敗後、想像以上に「厳しい現実」を歩かされます。
『成功の味』（＝成功する体験）は、ここへ誘うための"甘い罠"です。
"悪魔"のような何者かが、"よく使えそうな他者"を陥れるための蜜を吸わせた状態が、俗な世間で見られる『成功』の実態なのです。
あの"黒光りのオーラ"を持つ者は、そのまま死ねば「地獄に住み続けます」。
古い過去からにおいて、実力あった『霊能者』が、ここでたくさんの"悪魔の化身"に成り下がって、今を生きる多くの皆様の足を引っ張っています。
「"魂"を売り渡す」とは、そのような者の末路を例えているのです。

次の章では、「＊その秘境に住んでいる存在」についてのお話をしましょう。
　　＊その秘境に住んでいる存在
　　　もちろん、生きている人間や動物の事ではありません。これらは、「邪霊」「妖怪」「お化け」「神様」「白蛇様」「ヘビ」「悪魔」「鬼」などと呼ばれています。私達が知る、これらすべての存在は「人」の変化した姿です。「鬼」とは、「人間の奥に存在する一面」です。

それでもご安心を。
この一次元で「真っ暗な場所を経験した方々」は、"大いなる光"に一番近付けるかも知れない存在でもあります。

＊進化成長の伸び率が、最も高い（当然といえば当然？）方々かも知れない……という事です。

> ＊進化成長の伸び率が最も高い
> 「考え方」としては"振り子の原理"です。「行ったら戻る」＝「闇に堕ちたら、落ちた分だけ"光"に近付くことになる」のです。これも、どん底に居て底をぐるぐると這いずり回るだけでは「闇のまま」ですが、底辺からジャンプすれば、"光り"にしか向かわない……そこ（底）まで落ちれば、そこから真っ直ぐ上を目指して上れば、どんなに遅くても、遠回りだとしても「"光"へと向う」だけです。

そして、勇気ある誰かの"導き"があれば、『＊改心』する事も不可能ではありません。
ここに「落ち入る（陥る）」という事は、その者達に相応（ふさわ）しい「激しい試練で"試されている"」という証明です。
釈迦やイエス・キリストも、ヘビに「何度も試されていた」ではないですか。
それでも、たくさんの方々が今も尚、ここから抜け出そうとはしない、「切（せつ）ない場所」でもあります。

> ＊改心
> 此処へ陥った者自らが、「悪かった」「闇へと向かっていた」「皆様に迷惑を掛けた」と覚（さと）り、それ以前の"心"を入れ換える事です。
> この一次元でも、「反省」のない『改心』はあり得ません。ドラマや時代劇に観る「"悪役"がやり直そうとする姿」は事実"正しい姿"です。しかし、それにはドラマと同様、必ずや「スター」の手助けが必要です。その「スター」の役は、生易しい"愛"では決して解決できない、それくらい簡単ではありません。しかし、「誰かがやらねば」解決もしません。その役を果たすには、"志"が最も重要です。私達は、「一瞬一瞬『自分自身』に試されている」のです。イエス・キリストは、私達の進化の先を歩いた偉大なる先輩です。「常に『自分自身』と戦った姿」を私達に見せてくれた、尊い人物でした。

アスタリスクの光
「結」の巻

——— マイトレーヤから愛をこめて ———

この『天使の絵』は、"あなた"の中道をより良く浄化し、
「 天使界への通路 」へ導いています

15秒程眺め、この『絵』の空気を深呼吸し、
"あなた"の身体＝オーラに循環させてください
天界からの複雑で難解な『智慧』が、より良く理解出来ます
ここからの課題「蛇霊」の侵入から身を守ります

———　"カラー"より愛を込めて　———

この『天使の絵』は、
「天」の国へと向かうすべての方々へ、
"美しく健やかな空気"を
風となって送り続けている、
そんな"心"優しいエネルギーが、
いつも"あなた"を見守ってくれています

─── ハスと眷族 ───

この『天使の絵』は、
あなたの思考回路に光を送り、
智慧を吸収させ、
"あなた"の持っている実力を存分に発揮させてくれる、
とても強力なエネルギーを発しています

あなたも、是非一度、
この絵のエネルギーを
たくさんたくさん注入して、
"あなた"らしさを輝かせてはみませんか？

―――― きく＆さざ波 ――――

この『天使の絵』からは、
"あなた"や周囲の人達の"心"の声を、
"優しく楽しく"さざ波のように聞かせ、
お互い様としての「感謝の"心"」が"あなた"に染みてきますよ

周囲のみんなと繋がりたいあなたへ、効力を発揮します

―――― 倫道水 ――――

この『天使の絵』は、
山道にひっそりと咲き、
"静かに旅人を導いてくれている"
……そんな柔らかな"光"を放つ、
"心"優しいエネルギーが、
"あなた"を導き見守ってくれています

──── ベールに包まれて ────

この『天使の絵』は、
自然界の息吹が、霊的な世界への興味を誘い、
お互いの頬を寄せ合って、
"楽しく楽しく"みんなが集まる……
そんな願いを叶えてくれる、
"心"優しいエネルギーを発しています

——— すみれの心 ———

この『天使の絵』は、
可憐で、誰からも好かれる
そんな"あなた"へと、演出してくれます

「"あなた"といると楽しくなるわ……」
そんな"あなた"へと変身させてくれる
"心"優しいエネルギーが、絶えず導いてくれています

―――― 朝つゆの中のクロッカス ――――

この『天使の絵』は、
自然界のイオンが、朝つゆのようなうるおいを
"あなた"へとプレゼントしています

どんな人と過越して居ても、いつも嬉しい気持ちで話せる、
そんな"あなた"へと、変身させてくれるはずです

―――― オクラの喜び ――――

この『天使の絵』は、
自然のエネルギーが、カップル達の頬をこすり合い、
いつも"楽しく嬉しい"と、
そんな暖かな日々の幸せを教えてくれます

"心"優しい空気が、いつも見守ってくれています

―――― ガーネット＆"私" ――――

この『天使の絵』は、
殺伐とした空気を、
みずみずしいうるおいに変え、
常に"明るく楽しく"なるような
"心"優しく力強いエネルギーが見守ってくれています

深く落ち込む病にも、
この絵は驚くような仕事ぶりを発揮します

―――― 宮から羽ばたけ ――――

この『天使の絵』は、
大空を羽ばたく雄大な風が、
"あなた"の甘えた"心"に「自然の厳しさ」を教え、
清々しい新鮮な空気の"オーラ"であなたを満たします
"心"強いエネルギーが、いつも見守っています

―――― ゆりとゆりかご ――――

この『天使の絵』からは、
"心"に優しい空気が
たくさんたくさん溢れ出ていて
まわりのみんなの気持ちを寄り合わせ、
あらゆる"人たち"を、大きく包み込んでくれます

───── りんごスター☆ ─────

　　この『天使の絵』からは
　　勢い良く「大地からの息吹」により
　　　見事に実を結び、
　それぞれのパートナーを時に厳しく、
　　　時に優しく導いている……
　底知れぬ力強さを持つエネルギーが
　　　絶えず放射されています

図1
7つのチャクラ

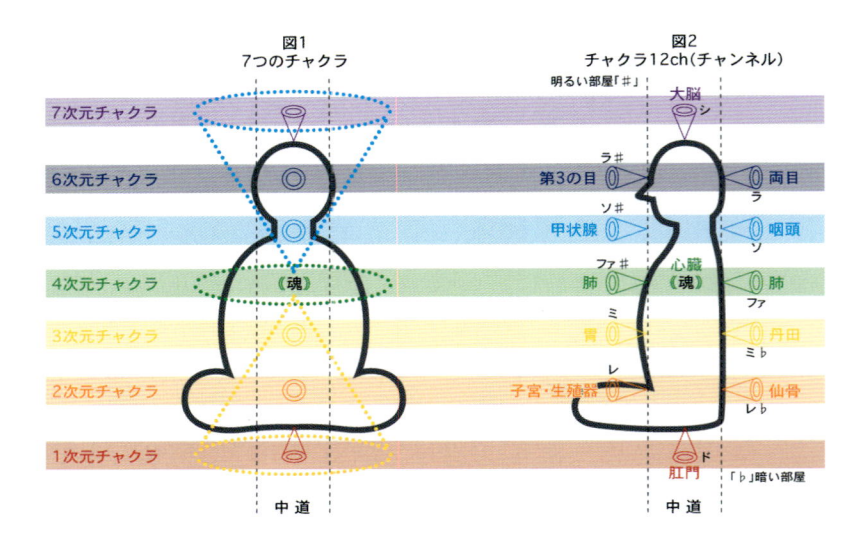

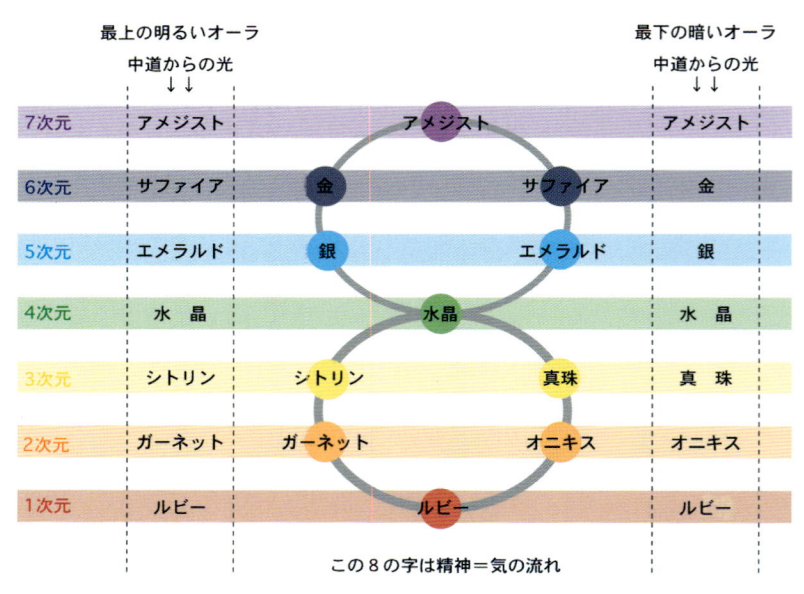

図2
チャクラ12ch(チャンネル)

7次元チャクラ		明るい部屋「♯」　大脳　シ
6次元チャクラ		ラ♯　第3の目　　両目　ラ
5次元チャクラ		ソ♯　甲状腺　　咽頭　ソ
4次元チャクラ	(魂)	ファ♯　肺　心臓(魂)　肺　ファ
3次元チャクラ		ミ　胃　　丹田　ミ♭
2次元チャクラ		レ　子宮・生殖器　　仙骨　レ♭
1次元チャクラ		肛門　ド　「♭」暗い部屋

中道　　　　　　中道

最上の明るいオーラ　　　　最下の暗いオーラ
中道からの光　　　　　　　　中道からの光
↓↓　　　　　　　　　　　　　　↓↓

7次元	アメジスト		アメジスト		アメジスト
6次元	サファイア	金		サファイア	金
5次元	エメラルド	銀		エメラルド	銀
4次元	水晶		水晶		水晶
3次元	シトリン	シトリン		真珠	真珠
2次元	ガーネット	ガーネット		オニキス	オニキス
1次元	ルビー		ルビー		ルビー

この8の字は精神＝気の流れ

図7　チャクラ上の霊的意志（石）
（詳しい解説は p21 を参照して下さい）

アスタリスクの光「結」の巻
目次

天使の絵

第10章　邪(よこしま)な存在＝三毒の正体
　　　　"三毒"とは？ ──────────────────── *18*
　　　　"お稲荷様"と「色キツネ」の違い（白キツネ以外） ── *19*
　　　　「色キツネ」の正体 ───────────────── *21*
　　　　どのような「心」に、「色キツネ」との同調があるか？ ── *24*
　　　　「色キツネ」対策 ────────────────── *27*
　　　　二次元の毒＝「タヌキ」 ────────────── *30*
　　　　「タヌキ」と同調する「考え方」 ─────────── *31*
　　　　「タヌキ」の正体 ────────────────── *32*
　　　　毒の極み＝「ヘビ」 ───────────────── *33*
　　　　「ヘビ」の正体 ─────────────────── *34*
　　　　「ヘビ」の存在する意義 ───────────── *37*
　　　　この章のまとめ ────────────────── *39*

第11章　天使界＝七次元
　　　　ここからは、天光の世界 ───────────── *43*
　　　　"天使"と「人間」の違い ──────────── *44*
　　　　"天使"の仕事 ────────────────── *45*
　　　　"天使"の苦悩 ────────────────── *46*
　　　　"天使"と心を通わせる"コツ" ──────── *48*
　　　　"天使"の見習いから、"大天使"まで ────── *49*

第12章　終わりから始まりへ
　　　　「三毒五濁」で当たり前 ───────────── *52*
　　　　ここから、私達の『進化』が始まります ─────── *53*
　　　　これは、まだまだ「初級コース」です ──────── *54*
　　　［おまけのコーナー］　　　　　　　　　　　　　　　*58*

第10章　＊邪(よこしま)な存在＝三毒の正体

＊既に、「人間」の姿をとどめてはいません
　＊邪な存在
　　「既に、人間の姿をとどめてはいません」と言いましたが、その形容する姿は、極々有名なモノから果て知れず"意外なモノ"まで、とにかく様々です。

2007.03.20　0:39
（1）"＊三毒"とは？
皆様は、「三毒」という単語を聞いた事がありますか？
「三毒」という単語の響きから"私"が判断すると、「この世に同調する＊"色（欲）を持つ、肉体のないエネルギー体"の影響」を表すらしく、先人はこの「色」から成る世界を「毒」と呼んでいました……その「毒」の種類を大きく三つに分けて「三毒」。
　＊三毒①
　　『本能』の"我"の部分から出て来る、人間なら誰しも持っている"毒"的発想から、「欲望を果たす"考え方"の『波動』」を指しています。
　＊色（欲）を持つ、肉体のないエネルギー体
　　「澄(す)む」の対義語が「濁(にご)る」です。ここで言う「色」（＝欲）とは、光りの濁った状態です。また、"白"も透明以外は濁った色の仲間なので、それを含めた色すべてを指しています。

"私"は幼い頃、この世のモノノケの世界がよく分かりませんでした。
この「三毒」という単語も、ある教本の中で知り得た言葉でした。
その教本には、「三毒」の種類や正体までは記されておりませんでしたが、内容の言霊から浮かび上がってくる存在を、歳月と共に多く目にするようになり、自分自身が成長した今は「この実態を表現していたのだ」と実感しています。
それに対する解説を以下に記します。

＊三毒②
　正確には、その教本に「三毒五濁」と記されていました。この「三毒」が、「殺意・強欲・傲慢」の"心"を表しています。(……後述「ヘビの正体」に、これらの続きがあります)
　「五濁」とは、五つの方向性を持つ濁る"心の世界"を表しています。「五濁」の代表的な言葉とは、「憎む（妬む）・恨む・怠ける・逃げる・蔑む（侮る）」などです。"私"はここで、「三毒五濁」に合致するべく単語を幾つか上げましたが、三毒も五濁も、「黒」や「焦げ茶」、「茶色」、「灰色」などのすべて濁った心から発信される単語の代表的なモノを述べたまでです。

これから以下に記す内容は、"私"から観察し得た「"気"の世界観」からのご報告です。

2007.03.20　11：56
　（２）"お稲荷様"と「色キツネ」の違い（白キツネ以外）
俗に言う＊"お稲荷様"と「色キツネ」は、混同されてしまう事が多々ありますが、れっきとした別物でした。

「人間」独自の発想で何かを創れるほど、賢い存在はこの世に居らず、必ず「インスピレーション」という『天恵』を受けて（全ては宇宙に存在するモノの真似）地球上の物質はできているので、その点も勘違いしている人間には納得する事も難しいかもしれない問題ですが、段々と色んな"真理"を受け入れられる「心」＝"器"が育つと、すべてに合点が行くはずなので、遠慮せずに堂々とこの問題に立ち向かって、"私"独自の解説をして行きたいと思います。

「色キツネ」は"お稲荷様"に成り済まし、芝居を演じている「存在」でした。
本来"お稲荷様"は、豊穣（主に"田畑"）の神様で「衣食住」を司る＝"精霊"です。

「人間」に憑く（または守護する）ほど暇ではありません。
本当の"お稲荷様"は、土地や畑、田の作物の成長を見守る"エネルギー体"などの管理・運営を指揮する「存在」です。「人間」の日常生活には、関心がありません。
その恩恵を受けて生活をさせていただく私達は、"お稲荷様"に対し、当然「感謝の心」を忘れてはいけないでしょう。

ここで区別しなければなりませんが、"白い姿のキツネ"をした存在は、「稲荷神の御使い」です。彼ら、白い姿をした御使いは決して他に化けたりはしません。
「我は、お稲荷様の御使いだ！」と、プライド（＝誇り）を持って仕事をしています。

　＊お稲荷様と色キツネは別物
　　両者の容姿について、"利っちゃん"が体験した"お稲荷様"のお姿は、映画「もののけ姫」に登場した犬神「モロ」の姿にそっくりで、白銀のとても大きな白い狼（大神）のような犬のような……と表現しましょうか。たった今、國之常立神（世界の中心の神様）にお聞きしたので、以下に原文通りご紹介します。
　　「……稲荷神は、化け物ではないぞ。れっきとした神様、精霊の一人じゃからのぅ。彼らは、本来森の奥深い所で、自然を守る仕事をして暮らしておった。そこへ人間共が入って来て、色んなものを作りおった。そして、"礼"まで捧げた。稲荷は、"礼"が欲しくてやった訳ではないが、その"礼"に報いる為に、人間の生活の一部も守れるよう、畑や木々（など他）の成長も見守るようになったんじゃ。元は、人間から話し掛けて来たお陰じゃな。今での稲荷神の仕事は、やはり森や田畑を守ること。それらを使って作る……衣服や住居（食物は当然入る）も稲荷のお陰じゃ。今は、稲荷の守るもの以外からも、人間は衣食住しておるが、あれでは、稲荷も感謝されんのぅ。心を失っておる現在じゃから、しょうがないのも確かじゃ……」
　　その他、『三毒』の存在についてもお聞きしましたが、大体は"私"の説明でよろしいそうですので、本文を続けます。
　　上記で、「白銀のとても大きな白い狼」……と述べましたが、エセ宗教的団体活動をする指導者の中には、大抵「汚れた色の狼」が、『神霊』と名乗り、憑

いています。その中には日本でとても有名な方もいます。
　「狼」と言っても、"稲荷神"の場合は、白銀のとても美しいお姿をしています。ですが、そのお姿までも真似する輩がおります。それが、「まだら色の汚れた狼（＝邪霊）」で、稲荷神とは、全く似ても似つきません。この「"狼"憑きの人間」は、自分自身を本物の「大神（おおかみ）」と思い込み、勘違いな活動をしています。第9章「成功者の末路」で述べた通り、あの"黒光りのオーラ"を持つ者は、そのまま死ねば「地獄に住み続けます」。古い過去からにおいて、実力あった『霊能者』が、ここでたくさんの"悪魔の化身"に成り下がって、今を生きる多くの皆様の足を引っ張っています。

2007.03.20　12:41
（3）「色キツネ」の正体
「色キツネ」の元の姿は、「人間」です。
「人間」が懐に持つ『プライド』という"＊石"を捨てきれず、成仏できない状態の「邪霊」です。

＊石
　下記の表で、霊体の中道各チャクラ上に位置する、人間の持つ霊的意志（石）を、結晶名で表示しました。
　この巻の16ページ図2「チャクラ12ch」と、下記の表（カラー版は口絵16ページの図7をご覧下さい）を併せてご参照ください。

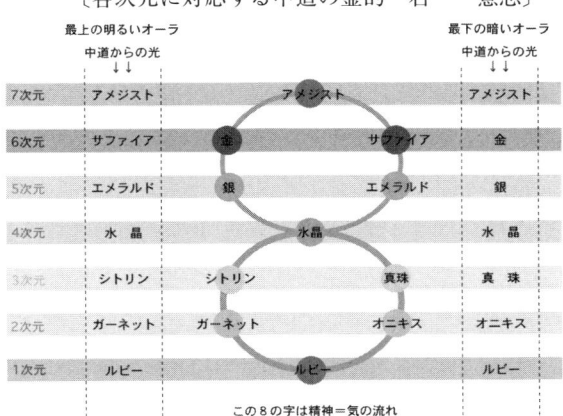

〔各次元に対応する中道の霊的"石"＝意志〕

	最上の明るいオーラ 中道からの光 ↓↓				最下の暗いオーラ 中道からの光 ↓↓
7次元	アメジスト	アメジスト			アメジスト
6次元	サファイア	金		サファイア	金
5次元	エメラルド	銀		エメラルド	銀
4次元	水晶		水晶		水晶
3次元	シトリン	シトリン		真珠	真珠
2次元	ガーネット	ガーネット		オニキス	オニキス
1次元	ルビー		ルビー		ルビー

この8の字は精神＝気の流れ

本書巻頭カラー図２「チャクラ12ch」の各次元のカラー帯を見てください。それは、各次元から放射される光と色を表しています。各人から発せられるオーラの光や色は、その人の顕在意識がどの次元の意識と同調して、物事を捉え考えているかという「あなたの居場所」を教えています。

例えば、三次元の「黄色」を放射している時、それは「"あなた"の顕在意識が安定している」事を意味しています。それが、物質的な環境で安定していたとすれば、同時に赤い光も放射されている事で証明されます。また、精神的な事で安定している場合、その「黄色」に「緑色」が加えられた光が放射されています。他の色のコンビネーションや、もっと多くの色が組み合わされる場合もあるでしょう。すべての石が安定し、バランス良く配合される時、そのオーラは、純粋な光として力強く全身を輝かせます。

反対に、光らないオーラとは、いくら中道から天界の光が降りていても、真珠やオニキスの石が水晶へ映り、光を遮断している状態です。

真珠と同調している精神状態は、『良い気になっている』状態です。この場合の『良い気』とは、皆様の個人的感覚では、どのような言葉で表現したら良いのでしょうか……。

"私"から他の表現を述べるとすれば、自分から見た「悪い人」が他に居る場合です。

つまり、〔自分から見た世界観だけで、良い面・悪い面ばかりを他者に当てはめて判断し、結局は自分自身を「一番良い人」に感じている状態〕です。ハッキリ言えば、これが『三次元的意識』で、誰しもが心の内部に持っている考え方です。三次元＝地球において、顕在意識がしている「自分達への評価」ですので、「真珠の輝き」に感じていますが、五次元以上の感覚で見ると、この真珠はただの「白い石」です。

また、オニキスと同調している場合は「自分自身をダメや奴だ」「自分には無理だ」「私に出来るはずがない」などと、否定的な考え方をしている状態です。……オーラの理解は、見えたり感じたりしない限り、いくらご説明しても難しい問題です。

観音様やお釈迦様、イエス様、マリア様…と、面識もない"化けキツネ"。
しかし、勝手な想像で何にでも化け、生きている人の気を引こうと、精一杯の力で＊なり切り芝居をする「色キツネ」達。

＊なり切り芝居をする色キツネ達
　大体、「人間を騙そう」とする性質のモノ達が、神仏と同調出来るはずはあり得ません。これは、性質悪い霊能者との同調です。なので、「観音様やお釈迦様、イエス様、マリア様」達と面識など全くないにも関わらず、自分（色キツネ）を相手にしてくれそうな人達との出会いで浮かれ、その「人間」が「色キツネ」を信じれば信じる程、霊的エネルギーを高めてしまう事となり、より力を発揮し、己の姿を輝かせたり、より高貴な姿で現れたりします。
　このような「色キツネ」達は、自分自身が化けているその人物に対して、詳しいプロフィールを知らない場合が多いので、さも偉そうに「"私"は○○の神である」などと、必ず自己申告をしてしまうのです。その姿は、下手な物真似芸人が「今晩は。○○です」と、自己紹介しないとわかってもらえないネタと同じです。こちらから観ていれば甚だ恥ずかしい行為ですが、彼らは、化ける事と信じてもらう事に一生懸命なので、色んな所に配慮が及びません。
　しかし、「自分をスゴい」と勘違いしている人間（これまた大した知識もない）は、「"いつも良い事をしている自分"だから、目の前で見えているのは、本物に違いない！絶対、この方はお釈迦様だ！」などと、すぐ信じ込んでしまいます。そして「それが観える霊能力がある自分」をも神格化させるよう、色んな事を話し出します。
　正真正銘の大神様達は、姿を顕（あらわ）されても決して名乗りません。もしそのお姿を顕す必要があったとすれば、顕したそのお姿をもってして、当人に「何か大切なメッセージとして考えさせる為」だからです。

その「色キツネ」達も、始めからそのような姿で、化けていたのではないでしょう。
成仏できない悔しさや忘れ去られてしまう寂しさからか、ちょこちょこ奉られている＊"お稲荷様"（この姿も、ほとんどが「御使い」の姿）になり済まし、人に話し掛けてもらっては、その話し相手をその気にさせて"ダマす"。
本当は、誰かの気を引きたいだけの"淋しがりや"。

　＊お稲荷様になり済まし、人に話し掛けてもらっては、その話し相手をその気にさせてダマす
　　人間が「宝石や地位や名誉や財産」などの物質的高価な物だけを大事にする心を持った"目"で観る場合、ほとんどの人達が他者を"色眼鏡で観ている

状態"と同じで、真眼="心"の目では観得ていません。このような理由から、オレオレ詐欺と同様に、自分達に都合の良い話で騙されてしまうのです。

大霊は、大きな"心"です。
肉眼で映るとすれば、"光明"です。
霊的な目で見れば、確かに姿もあります。
しかし、そのような事象にいちいち一喜一憂するような"心の波"を持つ人物の前には、なかなか「大霊」との同調は訪れません、残念ながら。
しかし、騙し騙されて、やがてその「心」が何事にも動じなくなる頃、本物の「大霊」との出会いがやって来るかも知れません。
そのように仕組まれているのです。
何事においても、「心の成長」があって、「その体験」をさせられているのです。
私達は自分達の"小ささ"を知りません。
その*"小ささ"を理解する事が、まず最初の一歩なのです。
　　*小ささを理解する事が、まず最初の一歩
　　　これが、悟りの第一歩……お釈迦様の説かれた最初の『悟り』です。

2007.03.20　13:05
（4）どのような「心」に、「色キツネ」との同調があるか？
三次元の♭に同調する"波"が出ていたら、「色キツネ」との同調は、誰にでも起こり得ます。
変な言い回しですが、「三次元に生きる私達、肉体を持つ全員が「色キツネ」を憑けている」のです。
こんな大口を叩く"利っちゃん"自身も、皆様と同様、*物心つくと同時に「色キツネと同調する考え方」が憑いておりました。……これを、剥ぎ取る作業は至難の技です。
しかし、それをただ「認めてあげる」だけでもとても楽になったので

す。
　＊物心つくと同時に色キツネと同調する考え方が憑いていた
　　色キツネとの同調は、"病気"の一種といえます。「考え方の癖」とは、他者と区別する壁＝肉体＝自分自身の無意識な振る舞いです。この「考え方の癖」は、性格的なモノの見方や動物世からの習性から「無意識にしてしまう動作」なので、その癖を剥がすのには、とても労力を使います。
　　幼い時からの"利っちゃん"は、「宇宙の法則」を知っており、幼い頃から、不思議と、「"自分"を、自分以外の者と分離して考える癖（くせ）」が付いていましたが、「その考え方は、オーラを汚す」事も知っていました。「何故こんな"考え方"をするのか」と、いつもいつも自分自身が嫌でたまらず、その癖を剥ぎ取るための努力を一生懸命していました。この「答えを知る旅」＝「人生」が、こうして、本書へと結び付いていたわけですから、神の采配には「何事も無駄はなかった」と得心するばかりです。

「色キツネ」は、コンコンと鳴き（咳をする）、皆様へアピールする存在です。
（注意：ここで語る「色キツネ」は、動物の「きつね」とは、全くの別物です）
誰しも、時として"誇り（ほこ）（＝埃（ほこり））ある態度"である"咳払い"。
その"咳払い"は、「人前で偉そうな言葉・ほめられそうな言葉・いい格好しようとする」などの欲を出したために、通常のチャクラの回転が逆回転となり、それにより腹の中の白石（真珠）と黒石（オニキス）が削られ、空気中へと放出されて混じり、「＊灰色の粉」となって当人の喉・口で吸い込んだため、「咳」として「厄払い」（＝浄化）している、自然循環現象の一つです。
"こんがり"とした「きつね色」は、三次元のチャクラ「黄色」（黄水晶＝シトリン）と、この「灰色の粉」が混じり合ってできた「色」です。
　＊灰色の粉
　　これは、地球の空へ浮かぶ「雲」と同じです。「雲（くも）」とは、塵や埃の核が、たくさんの水蒸気や氷を集め、曇りを作り"光"を遮る物質です。またその霊

的「灰色の粉」は、軽石や石灰から出る粉末と同じ性質なので、自然とその空気を吸えば口から喉へと張り付き、咳き込みます。この世の観得ない霊的環境も、すべては物質的な「自然現象」と同様に説明出来、やがてはすべて立証されるでしょう。

「色キツネ」と同じ事は、生きている我々は、誰でもやっています。……ちょっと偉そうに誰かに「意見」したり、威張って「文句」を言ってみたり。

誇り（埃）ある態度に取り憑いては、他者の「良い気を吸う」……ちょっと頭の良い「色キツネ」は、それを喜んで気持ち良くなっては、色んな世間の"色（＝欲）"を予知・予感・予見させ、どんどんと取り憑いた人間と同化していき、"自分達"を神格化させていく。
そんな「色キツネ」達の悪さも、時代と共に巧妙化しているようです。現在では、人前で良い気になり、過剰反応し、人気がなくなると途端に他者の"気"が吸えないので「焦る」。
これは、取り憑く「色キツネ」そのものの精神状態を味わう体験です。
＊本来の"あなた"の感情ではありません。

  ＊本来のあなたの感情ではありません
  先程述べたように、「"人間"として生きる」というだけで、一人の例外もなくこの「三次元＝色キツネの意識」と同調しています。それは、この世に生まれて来た証でもあり、誰しもこの「色キツネ」の出す波動から受ける「プライド」や「誇り」と呼ばれる感情を私達自身も持っているという証でもあります。落ち着いて聞いてください、"誰でも"です。だからと言って、気にして行動する必要はありません。また、"持っていても気付かない"人も大勢いらっしゃるのが、この「プライド」や「誇り」と呼ばれる『品格』です。この『品格』は、本人が決めるモノでも、誰かが決めるモノでもありません。……当然ですが、これも神から与えられた『品物』（器）です。もし、それに対して文句があったとしても、「文句がある自分に、文句を言っているようなもの」ですから。
  『品格』とは、このシリーズ『起』で細かく説明した通り、成長と共に、また経験と共に培って行く「"心"の寛容度」です。得てしてこの「寛容度」の

小ささに気付かず、他者のプライドは平気で傷付ける割には、自分のプライドを傷付けられる事に批判をして良い気に成る方々がいます。それでは、この「寛容度」は成長しません。他者を批判する前に、また誰かの相談に答える前に、自分の"心"や"行動"を引き締め、改めなければ、どんなに良い言葉を放ったとしても説得力を持ちません。

そんな「浮き沈み」を繰り返し、個人的な関係を持ちたがらない状態が続くと、「病気」へと陥っていきます。
もちろん、＊"咳をする"病にも気を付けたいものです。

＊咳をする病
ここでの"咳をする"病とは、霊的「灰色の粉」の影響を受けた場合を言っています。ですが、喘息やアレルギーなどの肺や呼吸器系疾患が、すべて「霊的なモノ」の影響ではありません。小さな子供や大人達にとって、大気汚染は重大な被害を及ぼしますし、また、「プライド（誇り）」は、この現世だけで培ったモノとは限りません。前世から起因する場合が多々あります。それでも、タバコの煙や換気に因るものもあるでしょう。すべて病は、一人ひとりが違っているように、その原因も違います。世界中で蔓延するこれらの病は、プライドを出しすぎたために、世の中の空気を埃っぽくしてしまったのでしょうか？
先進国と自らを呼んでいる国々に住む人々に多大に「影響を与えている"考え方"」がプライドであり、それは、「自らを他者と同じ身分で平等だ」と心底から理解できるまで、ヤマない"ヤマい"かも知れません。それほど、「プライド（誇り）は、上へと"登る"のが好きなようです。"あなた"も「プライドの山登り」はお好きですか？

2007.03.21　15：06
（5）「色キツネ」対策

誰にでも憑いている「色キツネ」……などと皆様を脅かせた事、大変失礼しました。

では、どのようにしてその「好色キツネ」と向き合ったら良いのでしょうか？　……脱「色キツネ」とは？

皆様が「霊能者」だとしても、なかなかこのような存在と"＊縁を切る"事は、"息を止める"事と同じくらい難しいと思われます。

> ＊縁を切る
> 実際は、死んでいても生きていても、"縁を切る"事は、宇宙に居る限り不可能です。"縁を切った"と思われる「考え方」は『錯覚』です。何故なら、私達は宇宙全体の一つとして、全てと繋がっています。ただ「疎遠」として、ご"縁"を遠くする事ができるだけです。例えば「誰かと"縁を切りたい"」と思った瞬間、それが『カルマ』を作り出しますが、「ある誰かと、"縁を切りたい"」という、これが「振り子」の現象となって、「その誰かと一生を共に生きたい！」と思えるようになるまで、"その同じ誰か"と付き合わされる事となります（これが、「孼れ縁」）。この場合の"誰か"は、"同一人物"か、または「同じ波動を持つ"誰か"」です。だから、「夫婦」として、「家族」として、「友達」として、「同じ職場の人間関係」等々として、同じような人を見せられては、仲良く（もしくは"ケンカ"）させられるのです。「お互いに一つ」、「世界は一つ」とに、こういう状況で学び合います。

そうは、思いませんか？
現在、地球上に60億の人口がいたとして、過去に亡くなられた数の方が多いのは歴然です。
その方々がほとんど死後の世界を知らないで、「死」を迎えていたとしたら……？
もし"知っていた"としても、当時「墓に入る」と教えられた先祖は、"上（↑天）に帰ろう"とする発想がない。
そうだとしたら、当然「墓に住む」＝成仏しない人達がたくさん居るかも知れません。

ここで、「何が言いたいか」と申しますと、＊「色キツネ」に憑かれて居ようが居まいが、「いちいち気にはしていられない」という事です。
何だか「開き直ったか」のように聞こえてしまいますか？
ですが、そのように「理解してしまえば良い」のです。

そんな「威力」が、この世に働いていて、生きる力を与えられている一人ひとりの"本来の輝き"を曇らせ、霞を着せてしまう存在が、目には見えないけれど「確かに"いる"」と、納得してしまう事からです。そして、そんな"モノの気"意識には「負けない自分」を、築（気付）いてしまえば良いのです。

* 色キツネに憑かれて
 この「色キツネ」だけでなく、タヌキ・ヘビ・狼・カッパ・魑魅魍魎等々物怪と呼ばれている者達に憑衣されている事に気付く事ができる人は、一体この世にいるのでしょうか。そのくらい、同調＝憑衣される事は簡単で、同調される側（生きている人間）には、それらしき「感覚」が全くありません。正に、素晴らしいほど「無理のない演技ができる人物」が、「＊同調や＊憑衣や＊障り」です。この「同調」や「憑衣」や「障り」は、同じような現象ですが、それぞれの様子が少しずつ違います。

* 同調
 近くやその場に存在するモノと、単なる「同じ気持ち」「同じ感情」を味わっている状態です。

* 憑衣
 同調される側（生きている人間）の"魂"となる「水晶」に、その掛かる「霊体」が細い糸を絡ませ、より密着させ、互いの絆を強く結び付けてしまう事です。これが、「憑衣霊」の「操り人間」となります。

* 障り
 「憑衣」状態の手前です。同調される側（生きている人間）の"魂"の場（＝魂内の"テリトリー"）に、モノノケが入り込んでいる場合の事です。「霊が、肩や腰に乗っている」と思われる状態です。ここで、すぐ気付けばなんとかなるでしょう。

この"テリトリー"は、「寛容度」＝器と比例しています。この「同調や憑衣や障り」の状態は、"手"を当ててみなければ（これは「細かな霊視をする場合」）、正確には見分けられません。ただの「霊視」だけでは、判断も診断も非常に困難です。それを知らない「霊能力者」に淨霊を依頼すると痛い目に合うでしょう。

これらを理解し、実行することは、そんなに難しい事でしょうか。
たった独りだけの「理解」で実行すれば、めげて、いつも敗北感を味わうかも知れません。
しかし、みんなで学んで、お互いを励まし合い、そんな"空気の状態"をお互いに注意し、見守り、「支え合える人間関係」にしてしまえば、いつかはきっとそういう世の中を作れるはずです。私達自身の力で。
まずは、"私"＝"あなた"から、始めましょう！

それから、「この先、成仏できない色キツネ達の運命はどうなるのか？」を心配される皆様、その心配は無用です。
霊的知識を学び、私達の波動が上がると同時に、今まで誰かに取り憑いていた「色キツネ」達も、その誰かと私達が一緒に勉強（嫌でも聞こえる）する事になり、「"人"としての意識」を取り戻し、霊界へ旅立って行けます。
そんな「不思議な法則」も霊界には、きちんと働いています。
……これが、＊本当の「淨霊」のあり方です。

> ＊本当の淨霊のあり方
> 本当の淨霊は、"心"でするものです。今は、「化け物」でも、本来は「心霊」でした。その「心霊」の"心"を取り戻させる事が大事です。「除霊」は、簡単です。ゴミと同じで、燃やせば良いのです。ですが、死後の肉体は燃やせますが、霊体は生きています。……互いに「礼」を尽くせるように努力したいものです。

2007.03.20　13:29
　（6）二次元の毒＝「タヌキ」
さて、三次元の「色キツネ」の次は二次元です。
ここは、「タヌキ」と同調できるようになります。

二次元の特徴は、前章で既にご説明した通りです。

二次元の味覚の同調は「甘さ」、オーラは「オレンジ色の輝き」（＝マーマレード状）です。
それが♭な扉をくぐると、ドロドロとした「チョコレート状態」となります。
泥のような「チョコレート」は、光沢こそあれ輝きは透（とお）しません。
あの「泥舟」を造った、タヌキの昔話を思い出しませんか？
けれど、チョコレート好きな方々から見れば、それはそれは「輝いた食べ物」と観えるでしょうか。

「タヌキ」と同調する皆様は、この「チョコレート色のオーラ」を身にまとっています。
往々にして太った「タヌキ」さん体型も多いですが、もちろん、スマートな「タヌキ」さんもたくさんいます。

2007.03.20　13:46
（7）「タヌキ」と同調する「考え方」
「タヌキ」と同調する「考え方」は、常に「美味しい体験（おい）」であれば『満足』しています。

・こう「する or 言う」と他者から「スゴい」と自慢できる事が「美味しい」
・こう「する or 言う」と他者から「良い人」と誉められる事が「美味しい」
・こう「する or 言う」と他者より「得をする（早く帰れる、酒飲める等々）」事で「美味しい」

これらに見る二者択一、または、対比する「どちらが、どれが」を、いつも「選り好みしている人達」です。

基本的には「美味しい事」しか頭になく、他の考え方を受け入れないので太ってくるのです。
それが得てして「体型」に出て来て、あの「太った酒樽を持ったタヌキ」の形容姿になりました。
あれは偶然ではなく、「ありのままの姿」が表現されているだけです。
ただし、本人だけの意識ではなかなか気が付きません。
他者が見れば面白いあり様でも、これを知ったご本人からは「汗」が出て来そうですね。
この「汗」に似た成分、これさえも「酒」。
甘い「酒」が、相応の「病気」を引き寄せます。
このような＊酒＝甘さが、身体から出て来る症状の方々、どうぞ気を付けてください。
「汗」は、色んな所から出て来るモノです。

 ＊酒＝甘さが、身体から出て来る症状
  これが、糖尿病です。痛風……これも、贅沢病と言われます。「そればっかり」飲んだり食べたりしていては身体に善くありません。バランスを均（と）る……これは、「人生」にも言える事です。

2007.03.20　14:55
（8）「タヌキ」の正体

イタチに似た"飯綱（いづな）"と呼ばれる霊的動物がいます。元々飯綱は、破壊の神の優秀な御使いで、とても機敏に団体（時に個別行動もする）で行動します。
その姿を真似し、でも、好きな事や自分のためになる事しかしないので、どんどん太っていった姿が、あの「タヌキ」です。
現在の"＊飯綱"は、修行（過去世など）を行った者の使者として、全国で仕事をしています。

一方「タヌキ」は、「美味しいモノは独り占め」が好きなので、基本

的には団体行動をしません。
　＊飯綱
　　"私"は、正直に言えば、このタヌキの同調や憑衣で生きる人達に、効く薬はないと思っています。それくらい、自分達のしている事に没頭……いえいえ、集中し過ぎていて、他者・他論に耳を傾ける事をしないからです。その姿は「色キツネ」より重症です。"私"からは、独り善がりを楽しんでいるとしか観得ません。このような酔っ払い、「酩酊状態の方々」には、目醒（冷・覚）める体験＝「相当な痛い目」に遭わない限り、礼の"心"には目覚めないでしょう。「相当な痛い目に遭われた方々」に対してやっと、"私"のような者の言葉でも、伝わるのかも知れません。

2007.03.21　0:58
（9）毒の極み＝「＊ヘビ」
太古の昔から「ヘビ」は、「悪魔の化身」と言われて来ました。
「ヘビ」は、クルクルと形を変え、その動きで「龍神」の文字を真似て、「文字本来の意味」を、受け取る側に、違う意味を思わせることによって、現在も作り変えています。それが進化を生んでいるとも言えます。
「ヘビ」は、頭の回転が極めて速い「天才」です。
「ヘビ」は、計画性があり、罠を仕掛けては人を『地獄』に導く「策略家」です。
「ヘビ」が憑くと異常に「執着心」が強くなるので、並大抵では諦めません。
「ヘビ」は、「計算」と「金集め」を得意とします。
「ヘビ」の狙いは、「人間」を最終的に「失望のどん底に陥れる」事です。
そうして「ヘビ」は、地の底へと落とし、私達を自分達の仲間として向かえ入れ、這いずり回る勢力を増やしたいのです。
　＊ヘビ
　　この「ヘビ」は、「全ての始まり」、「『え』＝反逆の意識」、「宇宙創世の担い

手」です。だから、威力が素晴らしく強い存在となり得たのです。「ヘビ」を、「神様」と崇める宗教もあります。確かに、「ヘビ」から学ぶべき教わる事がたくさんあります。が、「悪魔の化身」に身を委ね、本来の「自分の姿」（＝"光"）を見失うべきではないと、"私"はそう思います。皆様は、どのように考えますか？

何のために？　この世を「闇で満たす」為でしょうか？
それが、神に反逆した「悪魔の手下」と呼ばれる所以(ゆえん)なのでしょう。

2007.03.21　1:13
（10）「ヘビ」の正体
世界中の神話、逸話、昔話に登場する「ヘビ」は、大体が「悪者」です。
アダムとエバにりんごを勧めた存在も「ヘビ」です。
若い娘を生け贄に捧げさせていた「八岐大蛇」も八頭の「ヘビ」でした。
釈迦もイエスも、何度も「ヘビ」に狙われ、そそのかされました。
そのようなストーリーに「ヘビ」は格好の「悪役」です。
　"私"も例外ではなく、この「ヘビ」で何度か痛い目にあいました。
このような役回りの「ヘビ」は、私達と「存在の意義」が全く違います。
「色キツネや"タヌキ"のように、元々が「人間」ではありません。

この章の題名となる『三毒』には、"五濁"という単語が続きます。
『＊三毒』による"五つの濁り"とは……。
「三毒」を、しいて単語にするならば、
・「傲慢」……極悪な三次元的発想＝色キツネ＝「三次元的誇示」から来る誘惑
・「強欲」……極悪な二次元的発想＝　タヌキ＝「二者との摩擦」か

　　　　　　ら来る誘惑
・「殺意」……極悪な一次元的発想＝　ヘビ　＝「孤独な世界観」か
　　　　　　ら来る誘惑
という"心の惑い"を表しています。
　＊三毒③
　　さらに『三毒』を追求すると、「人間への邪な誘惑」が反映された"霊的物質"です。日本の諺に「朱に交われば赤くなる」とあるように、この『朱い毒』は他者へと伝染し、いつの間にか「その場の空気」を汚染、または支配します。「その空気」に汚染、または支配された人々は、「考え方」が『三毒』によって大きく左右されるようになります。これも、多くは「無意識のうちに」毒されてしまいます。昨今の「日本の社会組織の"泥沼化"」は、この『三毒』の空気によって作られたモノで、現在、その泥出しが始まった過程も、進化へ向かう私達自身が知らず知らず天から浴びている、高次元からの強力な霊的支えがあったからです。

「五濁」を前述では、「憎む（妬む）・恨む・怠ける・逃げる・蔑む（侮る）」と、言いました。
『＊三毒』を飲んだ者から湧き出る、重力を持つ濁った"気"＝意識（思い）が『五濁』です。
　＊三毒④
　　しいて、『三毒』として上げた単語「殺意・強欲・傲慢」は、1～三次元の思いから発した『毒』だと、ここでは述べて来ました。この『毒』から「五濁」の"煙"が立ち上る……これを、逆から申し上げると、「『五濁』の"煙"が立ち上る時、下には『三毒』が湧いていた」……です。

・色キツネの毒の場合（キツネ色のグラデーション）
　　例えば、自分の立場を優位にしたいか、その優位を保ちたいか、好かれたいか、などの場合には、誰しも"嘘"を付きたくなるものです。それを、実行するか実行しないかが、行く行くは、偽証罪・詐欺などの「犯罪」へと結び付いて行く。これが、誇りやプライドなどから排出される"煙"や"霞"で、三次元の「傲慢」でねじ曲がった視点から行われる行為です。

・タヌキの毒の場合（茶色・焦げ茶のグラデーション）
　「傲慢」から始まり、"自分をより大きく見せよう"と「恐喝」のような態度に出てしまう事もあるでしょう。また、自分自身が「楽したいから、遊びたいから」など、各々が持つ「仕事（学業）」を怠けたり、逃げたり、それによって嘘をついたりしてしまう。この"思い"は、湧き出るドロッとした"泥"や、ベタベタする"甘え"によって、ドロッとした粘性＝"水飴"が、二次元の「霊的毒物質」として作られます。これも、すべて「両極」がある事の証明だと思いますが、同じ二次元に運ばれる「霊的物質の水」（＝羊水）とは、「流動する姿」は似ていても、近づくほどに臭いや成分がまるで違います。「甘党」の方々が、泣いて喜ぶ物質かも知れませんが、これを嫌う方々からは、「激しい叱責」が飛んで来るでしょう。

・ヘビの毒の場合（黒・朱赤のグラデーション）
　そして「人間」が、自分の錯覚や欲望、また自分勝手な想いから、第三者を妬んだり憎んだりした、その「恨み」などを晴らそうとする行為が、やがて大きな「殺意」に変わる。これは、地の底にあったガソリンや重油へ着火する様子として、「殺害行為」に見て取れる、相当な"憎悪のエネルギー"の流れ方です。一方「自殺」はこれとは逆で、重油がコールタールに変化し、その重みに耐えかねて本人が窒息してしまう状態です。つまり、吸い込む空気＝生気がなくなってしまう……、これは、「その場に居られない（生きて行けない）状況」へと自らを導いてしまった結果です。このような「空気」に身を包んでしまったら、必ずや「誰かの手助け」が必要です。とても一人では這い上がれません。
　「お互いがお互いの『空気』を大事に思って距離を置く」事も大切ですが、苦しそうな方々を見つけたら、手を差し伸べられるような「自分自身」で生きて行きたいですね。

　宇宙の創世では、「悪」が「ヘビ」を創り、そして「宇宙ができた」と話している民話も登場します。
　"私"は、三次元での話の中で、「"光"が『闇』を創った」と紹介しました。
　また、「悪は『無知』からだ」と述べました。
　つまり、「知らない」事が、「悪」を作り出しているのです。

ここで、"私"は思います。
「ヘビ」は、クルクルと回転する、「円を描く運動を性質に持つ動物」です。"円"は"縁"を作り、また、宇宙の球体、"星"の形をも表しています。
「悪魔の手先」となり、地に這う『三毒五濁』を敷き詰めて、三次元から人間を地獄へと引きずり降ろし、奈落の底へ追いやる存在……これが「ヘビ」。

この「ヘビ」という存在、実は様々な『真理』で「悪役」を自ら買って出てくれた、私達にとってなくてはならない「反面教師」なのではないか……と思うのです。

2007.03.21　1:33
（11）「ヘビ」の存在する意義
ここで、私達は、尊い未来に光を見出すために、「新しい真理」を画策しなくてはなりません。
何故なら、「ヘビ」という存在の解釈を、いつまでも「偏狭な目」で見ている社会からでは、私達は「堂々巡り」から抜けられず、いつまでもこれ以上の「進歩は望めなくなっている」からです。
「悪役」を誰かにさせ、正義のヒーローを応援する「稚拙な考え方をする社会」からはもう抜け出さなくては、私達の社会の何もかもが"変われない"のです。

この世での私達の肉体へ取り巻く影響力は、本来「本能で動く動物的な欲望」が強く働いています。
それが「地に張り付く」事を望む理由です。（浮かばれないで、成仏出来ない理由）

ここでは、何回も繰り返し言います。
私達は、元々が"霊的な存在"です。
その＊霊的な私達が、この世に来て「我」に始まり、様々な精霊・神仏・天使などに導かれ、ここで精神性を養い、鍛え、そして「吾」（われ）（「我」ではない、「吾」（あ）……五次元の感覚で生きる事）に立ち返り、死後、天へと帰るため、この世での"光"（この場合「道」）を見出す必要があります。……この「吾」を心で思う時、「悟り」にまた一つ近付きます。

>＊霊的な私達が、この世に来て我に始まり
>この「我」は、地上に張り付きながら生きる虫の「蛾」で自分自身を発見し、霊的な私達自身は、本来「蝶」のような軽やかな存在と鑑みる事ができます。

私達が、本当に戦わなくてはならない相手は、『無知』という「自分自身」です。
『無知』さゆえに、様々な「恐怖」という"対象物"を生み出し、「自分自身」をついつい可愛がり、知ろうとしない。
自分の殻を破らなくては成長しないはずですが、忘れているがゆえからの行為は、自分の殻をより「強固」に築きます。
＊これも、『無知さ』ゆえからなのです。

>＊これも無知さゆえ
>この世に住む私達は、すべての解釈が「自分本位」な「自分勝手」です。それは間違いではなく、それこそが「当然」で、「必然」です。その「当然の思い」を、「重い」と感じるように成れた時、つまりは、『三毒』に浸っている状態」に気付いた時、"光"を明るく、または"軽く"感じるのです。そうなる前の"光"は、ただの「余計なお世話」や「嫌がらせ」などとしてしか、感じ取れないのです。それらは、すべて「霊性」（＝冷静？に考えると）な判断から来るものです。
>日本は、現在、諸外国とは比べようもないほど、神聖さを欠いています。ハッキリと言えば、「神聖」をバカにし、「そんなの関係ねえ！」と、勝手気ままに振舞うわりには、神社に向って都合良く「祈願」する。それを、ここでは「無知さ」からと言っているのです。本来、「道徳的な生き方」ができている方は、自然と聖なる霊的存在に導かれ守られていますが、この「無知さ」

からの行動を日々行う者達の「祈願」を、また『三毒』を喜び浴びる者達に、聖なる存在からの力が響く面（＝"心"）が育っていない事に全く気付かず、またまた、己を反省するどころか、余計に「"神"なんかいるはずがない！」と、決め付ける堂々巡りなこの有様。
このような重い思いを抱いている方々には、これからたくさんの悲劇が与えられて、やっと「気付く時」が来るのでしょう。それを待つしか、「人としての繋がり」を大切に生きる方法は、模索できないモノでしょうか。

私達は、『悪』という存在がなければ、"光"に導かれている事さえ理解できない「人間」です。
私達は、『悪』の正体を己の力で知り、学ぶ事で、自分自身を"光明"へと導く「存在」です。
私達は、『真理』を自身の腑に落とし、それらを『智慧』として学び、＊真からの輝きを「自分自信」で取り戻そうとするため、この世へ生れついた「存在」なのです……。

> ＊真からの輝きを自分自信で取り戻そうとする為、この世へ生れついた存在
> 地球に張り付く『三毒』は、霊的な目で観れば、この世ならではの「刺激」です。この世ならではの「刺激」は、私達の本来逝きていた世界＝「"光"の世界」には存在しない「刺激」です。その「刺激」を求めて、私達は、この世に生れ着いたのです。『三毒』にやられた"死"は、「"夢"の中のような出来事」です。その"夢"から実際に「この世で目覚め」なければ、本当の「修行」にはなり得ません。
> もう一度言います。皆様は、この世でこれらを知るための「修行」をする事が目的で生まれて来ているのです。オウム真理教が語ったバカバカしい「修行」とは全く逆の、「人間が"人"として生きる修行」です。この違いを、間違えない様お願いします。

2007.03.25　2:43
（12）この章のまとめ
ここで最後に、『三毒』を言霊の"韻"で、まとめてみましょう。

私達は、この三次元へ「意志（石）」を持って……「意（i）」＆「刺・

思・志・四・師・死・支（si）等々」……色んな刺激を求めて降り立ち、「生（sei）」を営んでいます。
三次元の"3"という次元の♭（「不満＝イライラ」）は、「病」が始まる階層でした。
その「病」のヤマイダレの中にある「丙」の字は、甲・乙・「丙」…の「三」を表す「意味」を持っています。
そして、「病」の言霊の韻、「矢（や）」「間（ま）」「射（い）」は、『"矢"で"間"を"射"る』という"気"の世界からのメッセージです。
　"矢"……この"や"は、文字で表されているように、「傷付ける道
　　　　　具」です。
　"間"……この"ま"は、あいだ、すきま、むら……、「生きている
　　　　　時間」です。
　"射"……この"い"は、射る、打つ、刺す、という傷付ける行為で、
　　　　　意に刻み、魂へ記録させています。

「病は"気"から」。
私達は、「良い気＝酔う気」などに自分を浸らせる（自ら科す）行為によって"空き魔（す）"を作り、自分自身を傷付け、「目を覚まさせよう」と、「病」に"仕返しされる"のです。
これは、とてもありがたい事です。
「不幸」だと嫌っていては、人生のすべてにおいて学べません。
＊何もしない"あなた"には、「不幸」さえ近寄って来てはくれません。
　　＊何もしないあなたには、不幸さえ寄って来てはくれません
　　　正確に申し上げれば、何もしなくても「時は刻む」ので、「不幸」をたぐり寄
　　　せている事は事実です。せっかく寄って来てくれた「不幸」から、"あなた"
　　　が顔を背けるのであれば、「不幸」が「気付きの元」である事に、永遠に気付
　　　かないでしょう。

三次元の♯の明るい階層は、"元気"の間を割って射られる"矢"が、

♭＝裏まで達して"気"を漏らし、"あなた"の身体を弱(よわ)らせる場所です。

それは、「酔(よ)わされて弱る"あなた"を、何者かが罠にはめたと同じです。
ここに、「憑衣が起きたかもしれない」という意味です。
「憑衣されても」気になさらないで結構です。さらに続けます。
自分に酔(よ)ったフラフラな"あなた"は、精神が狂(くる)い出し、＊さらに波動を落としていきます。

　　＊さらに波動を落としていきます
　　　「人間」は、行き着く所まで行き着かないと、なかなか目覚めない「生物」です。それでも、奈落の底へ行き着いてしまうと、なかなか一人では這い上がれません。他者にすがるしか方法がない場合がたくさんあります。他者にも、自分自身にも試されるのはこの時です。この時、同時に"あなた"は、「独りじゃなかった」と気付くチャンスも与えられているのです。

地の底で、"ヘビ"が待っていて、＊"クルクル"と首にとぐろを巻く回転運動（輪廻）が、自らの行いで"苦しみ"を「来(く)る（＝招く）・死(し)（＝思）・味(み)（＝体験）」を招いていた。

　　＊クルクルと首にとぐろを巻く様子の回転運動
　　　「"クルクル"という回転運動」……龍神池で龍が行った、これが、現在の「文字」の始まり＝ルーツです。七次元から届けられた"光"の粒子を、六次元の"水"に映し流動させ、五次元の"柱"（御柱は「御神体」と呼ばれ、皆様は、木から作られた"紙"に、それぞれの"思い"を「文字」として描いています）に降ろしました。この世で語られる言葉は、各々が感じた空気を霊的な「霧吹き機」で、空気中に"シュッ"と霧を吹いた後に、地（紙や机）に降り張り付いた"滴(しずく)"（＝文字の"気"）が、人の目に映ったものが「文字」です。……これが、気っ描け（きっかけ）です。
　　　本来の「言葉や文字」は、誰かに届くまでの間、ヘビの魔法の所為（クルクル＝狂う）か、幾つもの意味ある"空気"を含んでしまいます。それが、各々にとって必要な、または、それとしか理解できない「解釈」となって、第三者に伝わるのです。これは、各々が持つ「チャクラ」というフィルターの感

度が違うからです。ですから、発信した「ご本人の意図」とは、まるで「違った解釈」を、第三者へと送ってしまう場合も、ごく自然に起きています。ですが、これらも、大切なコミュニケーションを生み、育んでいます。「宇宙の法則」＝真実は、全て"光"の中に溶（説）けています。日本語は、本当に霊的な世界にとってとてもありがたい「言霊」です。

この「苦し"み"」の味が、"む（無）"へと転じながら、「"無"我"夢"中」で過ぎ去って行く……これが、この世の現実です。

それが事実、智慧（法則）を知らないで過越した、「人間の一生」です。ほとんどの「人間の一生」とは、「こんな現実を生かされている」のではないでしょうか。

第11章　天使界＝七次元
守護天使は、いつも"あなた"を見守っています

2007.03.26　14:42
　（1）ここからは、天光の世界
生まれたばかりの赤ちゃんを見ると、誰もが思わず、微笑んでしまうでしょう。
世俗的な欲、得、演技とは一切無縁で、見ると心が空(から)となり、"フワァー"と思わず出て来る"微笑み"が、ここ「七次元」の波動です。
「七次元」は、私達全員がかつていた"大いなる"光"の場所"でもあります。

何もせず、ただ"笑顔"に成れる"無垢"な状態。
そのような「波動」＝＊"光"で満たされている世界、それが「天界」です。

　　＊光で満たされている世界
　　　ここ七次元で感じる"光"が、「宇宙全体に広がる水の波動」＝"All Fair"(オール フェアー)の"光"です。この"All Fair"は、"私"がある会場でご来場の皆様の中道に注入しています。これも、"私"の役目です。この"All Fair"は、太陽"光"とは全く違う波動です。私達が日頃から目にする太陽"光"とは、「三次元的物質」として存在し、霊的な視界からでは、本来は「夢の中の世界」に匹敵する「幻的な"光"」です。それが『事実』として理解できるように成るのは、「死後の世界」へ帰る心の準備が出来た時です。

そして、そこは、同時に「天使の世界」でもあります。
それでは、「天使の世界」へ少し足を踏み入れてみましょう。

2007.03.26 15:01
（2）"天使"と「人間」の違い
　"天使"とは、一体どのような存在でしょうか？
　"天使"とは、元々「人間」の進化と、全く"別の進化形態"を持つ存在です。

「人間」は、「神の"創造"＝自由」の部分を「修行」に与えられた、例えれば『神の道具』です。
「人間」が、もし「"神とのより一体化"を計ろうとする」ならば、＊行動はすべて『無私』で行い、自己利益優先の考え方は捨て去らねば、真からの「神の行い」はできません。

　　＊行動はすべて無私
　　私達この世の「人間」は、「誰かを"無視"する事」は簡単にできますが、この「誰かのために、"無私"で行う事」は、なかなかできません。しかし、「天使」は、初めから「何事も"無私"で他者のために行える存在」なのです。人間」は「無私」の反対、"有私"（＝有我）のために、なかなか「自分」の"思い"を捨て去る事ができません。"天使"は、「人間」の想像を遥かに超えた"仕事"ができる存在です。

一方"天使"は、「神の"エネルギー"＝愛」の部分を「修行」に与えられた、例えるなら『神の分身』です。
　"天使"は最初から『無私』で、私達人間に対し、限りなく"愛"を注ぎ続ける仕事をしています。
　その"行い"からして、私達人間より最初から"神に近い存在"かも知れません。

しかし、＊「道具＝『人間』」と「分身＝"天使"」は、どちらが上か下かの主従関係ではありません。
　"どちらも"『神』にとって、なくてはならない『存在』です。

＊道具と分身
　「道具＝人間」は、「分身＝天使⇒神」に近付こうと努力して「無視」から「無私」を志すため、家族を与えられ、地域で生き、社会へ出て、国を守ろうとするのです。「無視」とは、「自分自身の本質を全く観ない」段階で、このような人々は、何故か当然「自分自身の事は、既に知っている」という錯覚する魔法（忘却の水＝羊水の力が大きい）を掛けられて生活しています。このような魔法を掛けられている方々が、魔法から目覚める事を「悟る」と言います。この場合の「悟る」状態へは、他者や自分自身に対しての最初からあった偏見を失くす事から始まります。
　地球上のあらゆる人々は、『神の"器"』に近付こうと、日々の一歩を、一つ、また一つと、自分自身の霊的「器」を少しでも大きく成長させるために、現実の毎日を「修行」にして、この世で生きています。

2007.03.26　15:23
（3）"天使"の仕事
「人間」の"魂"は、時を経て物質化に成功し、「人間」に生まれた着いたある時期から、果てしない旅、「『人間』（＝動物的本能の支配）から『人』（＝意識して生きる段階）として、お互いに手を繋いで"進化の道"」を歩き続けます。
それはそれは、永い永い「旅路」です。
その「『人』への進化の道」を行く旅の道連れが、付かず離れず見守る存在、それが『守護天使』です。

彼ら・彼女ら『守護天使』は、人の"魂"の数だけ「人間」を守護しています。
一人に対して、必ず一体はそばに付いています。
その"天使"達は、絶えず私達「人間」に対して「惜しみない"愛のエネルギー"を放射し、与え続けている」という、涙無しでは語れない、私達にとってかけがえのない「パートナー」なのです。

しかし、まだまだ私達「人間」は、その＊"パートナー"の居てくれ

る事実さえ、気付いていない人達が大半です。
> ＊パートナーの居てくれる事実さえ、気付いていない人達が大半です
> この世で活動している「霊能力者」の多くも、未だにこの事実に全く気付かず、失礼にも「守護霊様が"あなた"を守っています」などと言っています。この者達が言う「守護霊様」とは、"私"から見たら「部外者」です。これも、天界の者から観ると「非常に悲しい事実」です。この世の「霊能者」のほとんどが、『三毒』で体中を汚染していますので、致し方ありません。

"私"は、この『事実』をぜひぜひ、世界中の多くの人達へ伝えたいと思っています。
私達「人間」や『生命』を育む生き物達には、必ず守護する"エネルギー体"がそばに付いている『事実』を分かっていただきたいのです。
その『事実』を、理解する第一歩のカギは、やはり「心」です。
このような「細密な波動」は、「心」で感じる事でしか伝わりません。
それが『"天使"の波動』を理解する上で、悲しいかな、この世で出来る「現実的な方法」です。

2007.03.26　16:03
（4）"天使"の苦悩
先程から申し上げている通り、"天使"は、私達に惜しみない"愛のエネルギー"を、絶えず放射し続けています。
そのような「ありがたい存在」に対し、私達が「感謝」やその苦労をねぎらう「お礼の言葉」、また、その他心通うコミュニケーションがあれば……はたまた、たとえ"天使"達の存在がわからなくとも、「自然を敬う気持ち」や目には見えないエネルギーに対しての心ある態度等々からでも、"天使"達へ、私達からのプレゼントとして大いに勇気や活力を届ける事になるでしょう。

が、しかし、己の欲や俗世の垢に埋もれるような生活態度で日々を送

る者の場合、そばで守護している"天使"は、私達の出す"垢"を吸って、もがき苦しみます。
何故なら、彼ら彼女らにとって、その＊"垢"は、ただの「重い"汚れ"」でしかないからです。

 ＊垢は、ただの重い汚れ
  この「汚れ」の成分は、自然界では不自然な物質（＝人間界の産物）が出す「電磁波」や「公害」、「化学物質（＝医薬品など）」、その他「欲望から来る『三毒』」です。
  これらの守護天使への影響は、「"天使"の存在を信じようが信じまいが」、ありません。なので、"天使"を信じていなくても、「"あなた"の他者への思い」が、"天使"の放つエネルギーと同調するならば、言い換えれば、「他者のために生きる姿勢と、自然を大切に思う気持ち」で生きられたならば、各々を守護する"天使"達は、延々と"あなた"にエネルギーを注入し続けられるでしょう。
  "私"を知らない方々には、とても申しわけない言葉ですが、ここでハッキリと申します。"天使"（から送られるエネルギー）との断絶をはかっているのは、"あなた"の方です。"私"はラッキーにも、この世で『三毒』の分厚い"殻"を貫き通して、皆様方へ"天使のエネルギー"を与えられる力を備えさせられています。これは、この世の「超能力者」や「霊能力者」には決して真似できない作業です。"私"の描いた『天使の絵』からは、この"天使のエネルギー"が絶えず放射し続けています。この『天使の絵』に、多くの仕事をさせていただけたら、とつくづく思います。"天使のエネルギー"を、この世にはびこる『三毒』の掃除に、ぜひ役立てていただきたいのです。

知っていて、「"天使"に"垢"を付けてやろう」とする方々は、多分そんなに多くはいらっしゃらないと思います。
どうか、この『智慧』を、一人でも多くの皆様が理解して、より多くの私達の「宇宙のあり難き仲間＝パートナー達」を、"心"で受け入れて下さったら、きっと"天使"達は、それだけでも、この世で楽しくウキウキと「仕事」がしやすくなると思います。
＊それだけでも、この世の空気は、大きく変化してしまうはずです。

＊それだけでもこの世の空気は、大きく変化してしまう
　"心"を入れ換える「考え方」の事です。「発想の転換」の事です。
　多くの皆様の、この「"心"を入れ換える考え方＆発想の転換」が、大きく世の中を変えて行くのです。それには、まず、一人ひとりの「他者を思いやる気持ち（"心"）から」です。

2007.03.26　16:24
　（５）"天使"と心を通わせる"コツ"
実際に、『守護天使』は、いつも"あなた"を見守っています。
　"あなた"が、『守護天使』の事を"考える"だけでも伝わります。
　『守護天使』と繋がる事は、意外に単純で簡単です。
そして『守護天使』からは、"あなた"の考えている内容はすべてお見通しです。
　"あなた"はそれを「どうして？」と、思われるでしょうか。
　"天使"達は、全員、私達も持っている「"心"の世界」で生きているからです。

　"私"は、この世で「『人間』（＝人）」と"天使"が、心通わせる時が来るように」と願っています。
　"私"は、そのために一枚でも多くの『天使の絵』を描こうと決めています。
できれば、一人ひとりへの作品だけでなく、より大きな大きな、より遠くまで届く『天使のエネルギーの絵』を描きたい思いでいっぱいです。
その作業も、"私"ができる「この世での大きな任務だ」と思っています。
それもいつか、実現できる「時が来る」と思っています。
ですが、『いつも必要な時、必要な事をしている、皆様方一人ひとりの未来』を信じています。

「人間の野望」がいつまでたってもなくならないというのであれば、"天使のエネルギー"も当然、宇宙が終わるまでは、私達を満たし続けているでしょう。

最後に、天使界の仲間や、進化の様子をほんの少しご紹介します。

2007.03.26　16:40
　（6）"天使"の見習いから、"大天使"まで
　"天使の修行"は、"天使"になる前段階から始まります。
　＊まずは、"妖精の修行"からです。
　"妖精"の『羽根』は、虫の『羽根』と同じです。
　しかし、虫が、"妖精"なのではありません。
　まだ幼い成長段階と示す目安が、あの『羽根』の形態で表現されています。

> ＊まずは、妖精の修行
> これは、霊的な形ある存在にまで進化した状態を指していますので、"妖精"になる前段階も、「妖気」や「精気」なる「エネルギー」として存在しています。

地球上での「"妖精"の仕事は？」と言いますと、"生命"として生まれた存在にエネルギーを送る仕事をしています。
その"生命"とは、例えば「植物」のような"自然を生きる"存在の事です。
なので、"妖精"と一言では片付けられないほど、たくさんの種類がいます。

そのたくさんの種類は、見事なまでに、ありとあらゆる「表現体」で存在しています。
そして、必ず、どの存在を守護しているか、一目瞭然で分かるような

"アクセント"を身体のどこかで表現しています。
　とてもかわいい"心"を持った存在です。
　有名な"フェアリー"だけが、"妖精"ではありません。
　皆様が想像できないような変なモノや、美しいモノまで、それはそれは不思議な身体をしています。

そして、"妖精"の修行をクリアすると、今度は＊鳥の『羽根』を与えられます。
こうして"天使"と呼ばれる存在へ進化していきます。
　＊鳥の羽根を与えられます
　　実際には、鳥の『羽根』ばかりではありません。この世では観得ない「天狗の羽根」や「龍の羽根」、またコウモリに似た（＝コウモリが似せた）「悪魔の羽根」など、"天使"の羽根のバリエーションも、たくさんあります。

これら「天使」の段階も、ピンからキリまで存在しています。

天使の『羽根』もまた、一人ひとりによって異なり、様々な形態をしています。
　"天使"の仕事（種類）の内容が似ていれば同じような形態を取りますが、いかんせん、それも成長の目安ですので、千差万別です。
　皆様が、どこぞの絵画でご覧になられた「天使の羽根」の形態は、まだまだほんの一部です。

最後に、付け加えて注意してほしい点は、＊『三毒』の項で登場した『精霊』と"天使"達の役割は、これまた異質なので、その認識がごちゃ混ぜにならないようにお願いします。
　＊三毒の項で登場した精霊と天使達の役割は、これまた異質
　　ここで言う『精霊』とは、「稲荷神・飯綱・龍神」です。「キツネ・タヌキ・ヘビ」などの邪霊ではありません。「役割と働き」の違いをここで紹介しますと、"天使"は、"広い宇宙のエネルギー体"として活動しているので、誰か一人がどんな大変な仕事をしていても、それは「"天使"全体の手柄」になり、

その"一人の天使"が特別視される事はありません。なので、表彰もされませんし、自慢する者もいません。だからと言って、『精霊』が自慢するわけでもありませんが……。

それに対して『精霊』は、"テリトリー"や役割が与えられていて、それらの"領分＆領土"がしっかりとしているので、「他者の領域」や「仕事」をお互いに侵害しません。例えば「○○神社を守る精霊」が、「○○神社」の近隣以外の他の地域を守らないのは、これらの契約があるためです。

第12章　終わりから始まりへ

2007. 03. 28　16:04
（1）「三毒五濁」で当たり前
"光"の霊界からみれば、この世は「三毒五濁」の世界……始めから＊とても「暗い世界」でした。

　　＊とても暗い世界
　　　「暗い」だけではありません。ゾーッとした「冷たさ」やドロッとした「湿気」、また場所によっては、チリチリやチクチクとした「痛さ」も、それを知らない事による「恐さ」も、たくさんある世界です。

しかし「住めば都」、あの世の事なんか忘れて、持って来た目標も「どこ吹く風」という調子で無視してしまえば、「三毒五濁の海」に飲まれて、ある意味では、不幸を他人の所為(せい)にして、「幸せな人生」を送れます。
大体の「人間」は、この世へ来るとそんな人生を過ごし、＊なかなかあの世に帰って逝けない状況です。

　　＊なかなかあの世に帰って逝けない状況
　　　本書をお読みに成られた皆様には、この「なかなかあの世に帰って逝けない状況」を、ぜひ打破し、きちんと『守護天使』に導かれて、「あの世」に帰っていただきたいと思います。"あなた"が本書を読破された事は、当然『守護天使』もお見通しですので、その点はご安心ください。本書を全文「読めた」だけでも、とても素晴らしいアセンションを体験なさっているはずです。できれば何回もお読みいただいて、噛み砕いてオーラに溶かしていただけたらと思います。そのような『魔法』が掛けられていますので、どうぞ、「二十一世紀の奇跡」をお楽しみに。これで「あの世に帰る」楽しみも増えたのではないでしょうか。この"私"も、それをとても嬉しく思います。

そして、きちんと読めなかった皆様には大変失礼を致しました。
ここに、丁重にお詫び申し上げたいと思います。

「皆様、誠に申しわけございませんでした。皆様の大切な時間を奪い、また大変失礼な事ばかり申し上げました事、どうかどうか、お許しください」

2007.03.27　19:06
（２）ここから、私達の『進化』が始まります
私達は、こうしてやっと新しい『智慧』を受け取り、「本物の自由」を生きる＊『時代』を許されたのです。
　＊時代に許された
　　ですから、"私"めは、これらの文章をこの世の皆様に下ろすよう、ここに生れついた者です。どうか、これから、このご縁をお互いに大切にして生けたらと、祈っています。

一つ一つと、霊界の「智慧」を学んで生きる事で、この世に働く「三毒五濁」の力が、この地国（地獄）に働いていて、「本来の私達の目標」を邪魔して、病気にさせるか（キツネの狙い）、酔っぱらわせるか（タヌキの狙い）、それともクルクルと目を回させ狂わせるか（ヘビの狙い）……という、「この世での甘い"罠"が待っていた」と知ってしまえば良いのです。
そんな「モノの気」に負けない『智慧』を、お互いに身につけてしまう事が、とても『重要』です。

『智慧』とは、『光明』です。
『智慧』とは、『真理』です。
その『真理』を、あなたの"懐"（腑所）に落とせたら、「"あなた"は、自分の力で"勧善と輝き出す"のです」。

私達は、元々"光"の分子でした。
たった独りが"光"れば、＊その"光"はみんなにウツります。

＊その光はみんなにウツります
　　この場合の「ウツる」は、「反射」だけでなく、伝染する＝「映る、移る」です。
　　以下にあるような、お互いの「鏡に映る」行為とは、「世界の空気」が、"光で蔓延する"ための第一歩です。

たった「独り」が、「一人」「一人」になり、その「一人ひとり」が手を繋ぎ、「鏡」として、映り合ったら……。
そんな、みんなが「"光"輝く世界」に、お互いに映り合いさえすれば良いのです。
これでは「途方に暮れますか」？
この世で"利っちゃん"は、38年間ずっと途方に暮れっぱなしでした。
それでも彼女は諦めてはいません。
この"利っちゃん"と一緒に、また、"私"達と一緒にガンバってみませんか。

頑張っても、頑張らないでも、どうせ人生は終わってしまうのです。
「同じ阿呆(あほう)なら、踊らにゃ、損、そ〜ん！」

2007.03.28　16：32
（３）これは、まだまだ「初級コース」です
これで、一区切りにしたいと思います。
しかし、ここまでご紹介して来た「言霊の世界」、「霊界の法則」、「中道の開き方」等々は、まだまだ奥が深く、＊ほんの「初級コース」と言った内容でした。
　＊ほんの初級コース
　　本書にある言葉は、ただの『真理』です。このただの『真理』を持って、皆様一人ひとりが、個人個人の生活で、社会で、学校で、国で、地域で、家庭で生きて実践しなければ、何の意味も持たないのが『真理』です。『真理』を持って"生きる"事」が、とても大切な『智慧』なのです。だから、これ

は「初級コース」でしかないのです。
　この『智慧』を現実社会で活かす事は、とても労力が要ります。
　ですが、"天使"との同調がある「人」にとっては、それほど難しい作業ではなくなります。その難しくなくなる時までが、「とても苦しく難しい」のです。

　また、本書に至るまでの"私"の成長の記録を、メールマガジン『シリウスから来た女』で、"私の自分史"として書いています。

　"私の自分史"は、「"私"がここ地球に来て、どうやってこの世を学んだか」を"利っちゃん"という主人公と共に、皆様に文章で分かりやすくお話しする事により、「より皆様が、"私"という存在の感じ方・考え方・読み方等々の＊"霊的な仕組み"を理解していただく手助けにしたい」 という、切なる期待を抱いての作業です。

> ＊霊的な仕組み
> 　"霊的な仕組み"の本来の意味は、「"縦糸"と"横糸"の織り成す布」を指しています。"縦"とは、男性の属性を指し、"横"とは、女性の属性を指します。「糸」は文字通り「意図」を表現しています。このような、観得ない「仕組み」が存在しており、お互いに絡み合って、「真実を知る」手掛りがあるのです。それが、"私"の申し上げる『宇宙の真理』です。

　"利っちゃん"の進化と皆様の進化は、この世で"リンク"しています。
　それを思うと、皆様は嫌かもしれませんが、どうか、『シリウスから来た女』も併せて、「気の世界」を"肌で感じ"、楽しんでいただきたいと切に願います。

　次なる「中級コース」は、実践編です。
　こちらは、今「スタッフ」として、この"私"から『真理』について学び、「『真理』を実践する事がいかに難しいか」を勉強されている方々が、総勢19名いらっしゃいます。

＊その方々の成長ぶりも交えた実践としてのお話が、いつか皆様に、できる日が来ると良いなと思っています。

> ＊その方々の成長ぶりも交えた実践としてのお話
> この方々は、"私"や"利っちゃん"から、限り無き愛の"痛み"を体験なさった方々です。「『真理』を生きる」という難しさは、たくさんの苦労を、自ら進んで負い被る事です。並々成らぬ、彼ら彼女らの「努力の軌跡」を、皆様の励みにしていただける事請け合いです。その方々の体験談は、よりたくさんの皆様へ愛と勇気と希望を与えてくれるはずです。

今後共、＊「真理の求道者」の添乗員としての"私"を、皆様どうぞよろしくお願い致します。

> ＊「真理の求道者」の添乗員
> これは、あくまでも「添乗員」としてですので、希望される方々だけで結構です。以後、どうぞ、よろしくお願い致します！

［おまけのコーナー］

ここでは、何故「アスタリスク」が『シリウス星』なのか、との疑問にお答えするべく、説明したいと思います。

「アスタリスク」の由来……。
この「＊」マークは、形どおり「水」を表しています。
「水」は、天に広がるエネルギーです。
その外角を線で結んだ六角形が、六次元＝『シリウス星』を示しています。

次元の最小単位が、点「・」です。
一次元の形的象徴は、この「・」です。
二次元の形的象徴は、「・　・」で、この点を結んだ線「－」です。
三次元の形的象徴は、「・・・」で、これらの点を結ぶ「△」です。
四次元の形的象徴は、「・」四つを結んだ「□」です。
五次元の形的象徴は、「・」五つを結んだ「☆」です。
六次元の形的象徴は、「・」六つを結んだ「○」です。
七次元の形的象徴は、「・」七つを結んだピラミッドの形です。

そして、アスタリスクの象徴は「✡」です。
この「✡」は、下の三つの次元を「△」で表し、上の三つの次元を「▽」で表し、それを一つに重ね、中心に大切な"魂"を「ゝ」として真ん中に置いたものです。また「✡」の印は、精神の流れを表し、各「・」や「－」は、各次元を表しています。それら一つひとつに理由がありますが、これに関しては心で解き明かす必要がありますので、出来ればつぎの機会に解説していきたいと思っています。

この「✡」をシンボル化したものが「＊」なのです。
現在、世の中でこの「＊」の形は、社会で見掛ける色んな「マーク」や自然現象の中に、また植物などの命の中に存在し、ありとあらゆるところにアスタリスクからのエネルギーが溶けています。シリウス星のご加護を知らぬ間に皆様が受け止めている証拠でもあるのです。

以上で、このシリーズすべてを終らせていただきます。
「霊的な言葉」には、「これだ！」という単語は見当たりません。
大変に分かり辛い内容で申しわけありませんでした。

これからも、皆様の飽くなき「真理探究の旅」は、永遠と続く事でしょう。
できれば、その頭の片隅にでも"私"をお供させていただければ「幸い」です。

皆様、本当にありがとうございました。

　　　　　　　　　　　　　　　　　　　　　　　　　小杉利津子

☆著者プロフィール

小杉利津子（こすぎ　りつこ）
1963年10月27日東京生まれ。
宇宙一可愛い息子と娘（重度重複障害児）の母。
血液型：A
転職：13回（このおかげで、随分鍛えられる）
趣味：バスケットボール　音楽・美術鑑賞
職業：1．ホスピタル・アーティスト（「絵力」で人・地場の病気改善や波動アップ）
　　　2．霊的知識の教師（様々な神様を身体に下ろし、霊媒として活動）
☆主な神霊
　・マイトレーヤ（皆様へお配りするエネルギー"All Fair"を頂いています）
　・大国主命（利津子の魂）
　・大天使ミカエル（利津子の霊体）
　・国之常立神（地球創世の古代大神）
　・その他（イエス、釈迦、出口王仁三郎、天照大神、ルシファー、メデューサ）

上記の神の名前を見て、「こいつは、頭がおかしい奴だ」と"私"を決めてしまって結構です。（"私"も小さい頃からずっと、「自分は頭のおかしい、狂った奴だ」と押し殺して来ましたので、そのお気持ちは痛いほど分かります）
ですが、"私"は"あなたの鏡"としても、この世で同時に存在していますので、あしからず。
"私"を見て、本を読んで、どんな事を思われても、あなたへそのままお返しします。
これは、"私"がこの世に起こしに来た『奇跡』の一つです。憎んでも、ねたんでも、うらんでも、喜んでも、うれしくても、無関心でも、殺したくなっても……とにかく、なんでもござれ。
生まれた時から「霊界の記憶」を持ち、この世を体験しに降りて来ました。志を魂に込め、「人間」として生まれ育つ目的から始め、真摯に生きる人の道を貫き歩き、終末宣言から人々を導くために、「天界からの光」を皆様にお配りする事を終生に誓っております。
昔から『信じる者は救われる』と言われて来ましたが、「信じても無駄だ」と悟ったのは現代に生きる人間達でしょう。
では、どう生きたら良いのかを、そして、どう死ねたら良いのかを、追求してみたいと思いませんか？
どうぞ、この本それぞれの巻の口絵を深呼吸して、その謎を解いてみてください。
これからを生きるあなたへ、そして、死後の世界へも逝くあなたへの道標となる事を請け合います。

メールマガジン「シリウス星から来た女」の購読申し込みはこちらへ
http://premium.mag2.com/
著者ホームページ
http://homepage.mac.com/asutarisuku117/

アスタリスクの光 ～天使の絵&真理からの智慧

2008年8月15日　初版第1刷発行

　　　　　　著　者　　小杉　利津子
　　　　　　発行者　　韮澤　潤一郎
　　　　　　発行所　　株式会社たま出版
　　　　　　　　　　　〒160-0004　東京都新宿区四谷4-28-20
　　　　　　　　　　　☎ 03-5369-3051（代表）
　　　　　　　　　　　http://tamabook.com
　　　　　　　　　　振替　00130-5-94804
　　　　　　印刷所　　株式会社エーヴィスシステムズ

乱丁本・落丁本はお取替えいたします。
　　　　　　　　　　ⓒ Ritsuko Kosugi 2008 Printed in Japan
　　　　　　　　　　ISBN978-4-8127-0259-8